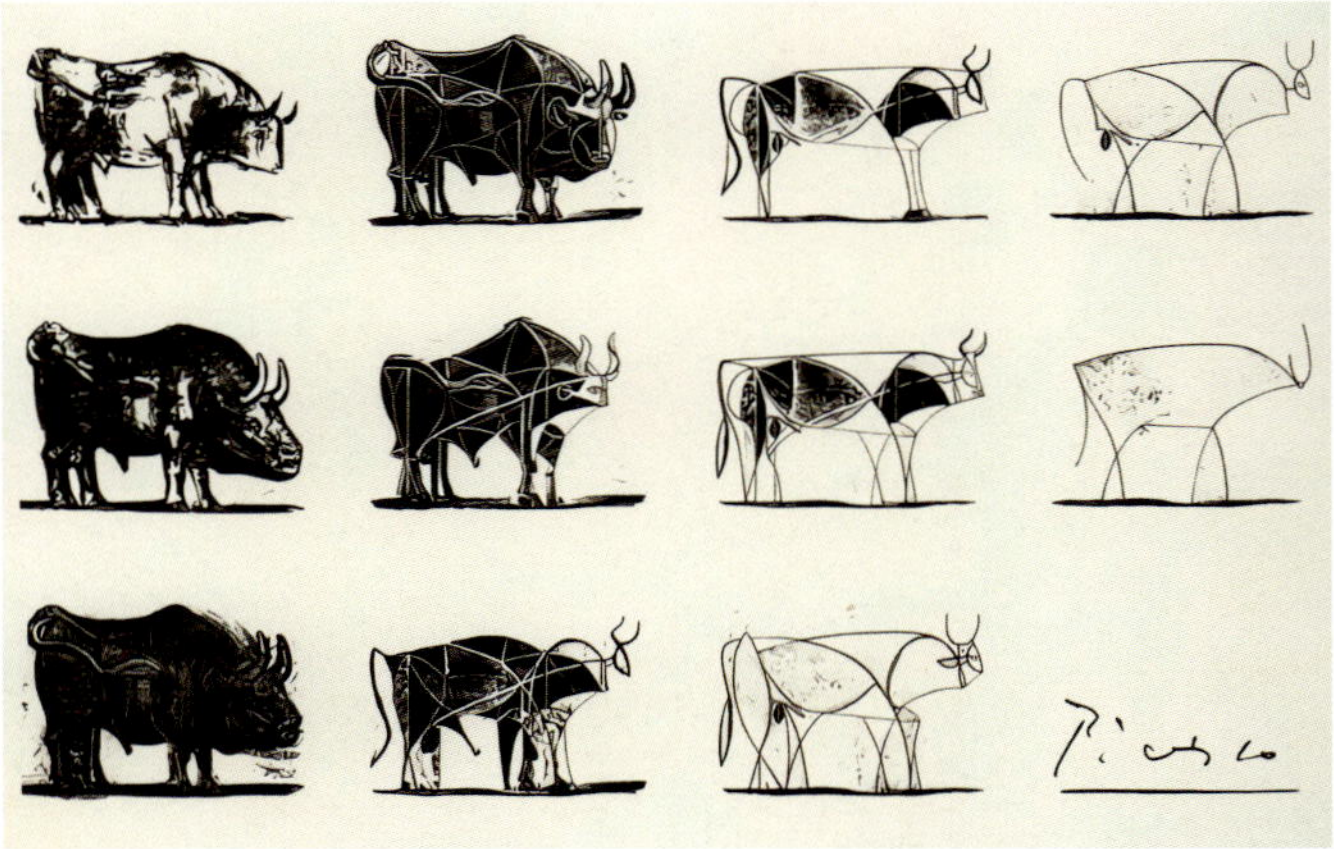

ピカソ「Taureau, 11 états 1945-1946」

制作過程を並べた11枚のリトグラフ。左上から下へ
折り返し、右中が完成形。右下はピカソの署名
本書155ページ参照

JN208955

朝日新書
Asahi Shinsho 990

逆説の古典

着想を転換する思想哲学50選

大澤真幸

朝日新聞出版

まえがき

私は、朝日新聞の読書面で、２０１７年4月から２０２２年3月まで、桜庭一樹さんと平田オリザさんとともに持ち回りで、「古典百名山」という連載を担当した。新聞の書評欄には、主として新刊書の書評が掲載されるわけだが、この欄だけは、国内外の古典を毎回、１冊ずつ取り上げ紹介し、批評することを目的としていた。桜庭さんは外国文学を、平田さんは日本（近代）文学を担当し、私は「その他」の担当だった。選書に関しては、各執筆者に任されていた。

5年間で私が論じた「古典」は、ちょうど50冊になった。本書に収録しているのが、その50冊の紹介・批評である。ただし、新聞掲載時のままではない。すべて加筆し、もとの原稿のだいたい2倍から2倍半になっている。新聞の場合は、厳しい字数制限があって、言葉足らずにならざるをえなかった分をいくぶんか補うことができたので、原型よりはわかりやすくなったのではないか、と思う。

無数にある古典の中から、どのように選書したのか。桜庭さんと平田さんは、それぞれ系統的に本を取り上げていた（「国別に順番に」「歴史的順序に従って」）。しかし、私の場合は、特定の領域に限らない「その他の古典」が担当なので、システマティックに紹介するのは難しい。

選書の基準は、だから単純である。私が若い頃に読んで感動し、強い影響を受けた本、現在までの私の物の考え方を規定している本の中から、すべての人に読んでもらいたいものを思いつくままに選んだ。仕事や専門や境遇に関係なく、誰にとっても読む価値があると私が信ずる本を、選んだつもりである。

強いて言えば、特定の分野に偏らないように満遍なく、ということだけはかなり気をつかった。私自身の読書経験や能力によって、選書にはどうしても一定の傾向性や偏りは出てしまうのだが、それでも、できるだけ多くの学問分野をカバーするように、できるだけ多くの国や地域や時代にわたるように、そして同じような領域の古典が連続しないように配慮した。

本書で取り上げている古典の並び順は、おおむね新聞での掲載順だが、少しだけ読みやすさを考慮して順番を変えた。ローマ数字の章立ては、掲載年次におおまかに対応しているのだが、内容に関わる強い意味はない。したがって、本書は、どこからどのような順番で読んだ方がよい、ということはない。読者は好きなところ、気になるところから任意の順序で読むことができる。

どの古典に関しても、少ない字数でその魅力をすべて解説することはできない。それでも、私としては、その本が私を惹《ひ》きつけた魅力の中核をなんとか伝えようとしたつもりである。本書を読んで、「この古典を読んでみたい」「この古典を直接紐解いてみよう」と思っていただければ、つまり読者をその古典へと誘導することができれば、本書は成功したことになる。

*

それにしても、古典とは何であろうか。どんな本が、「古典」と呼ぶに値するものになるのだろうか。

どの著者も、それぞれの状況に強く規定されて、固有の問題を考えている。それぞれの時代に規定された知の蓄積を前提にして、である。にもかかわらず——というよりむしろそれゆえに、著者の思考が〈普遍性〉に触れる場合がある。このような逆説、固有で特異な思考が、まさにその固有性・特異性のゆえにこそ〈普遍性〉へと直結するという逆説が生じている書物、それが古典になるのではないか。何十年も、何百年も、ときに千年を超えて読む価値が衰えない古典に、である。

あるいは次のようにも思う。たいていの本においては、著者が意図していたこと、著者が書こうとしていたことよりも、実際に書かれていることの方が貧しい。しかし、まれに逆のことが起きる。著者が意図していたこと、著者が意識的に書こうとしていたことよりも、多くのこと、豊かなことが書かれている本があるのだ。そのような本を繰り返し読むと、私たちはその度に、著者の意図を超えたものを発見することになる。古典は、そのようなタイプの本である。

逆説の古典

着想を転換する思想哲学50選

目次

I

『資本論』（1867、1885、1894年）

カール・マルクス

資本主義は無意識の宗教である

この本に取り上げる最初の一冊として、この本以外には考えられない。

とりあえずこの200年にしぼったとして、その間に書かれた人文社会系の本の中で最も重要な本を挙げるとしたら、それはカール・マルクスの主著『資本論』をおいてほかにない。フランスの哲学者、ジャック・デリダは、マルクスを読まないことは、常に過失となる、とまで断定していた。

『資本論』は三部に分かれていて、マルクスが存命中に出されたのは、「資本の生産過程」と題された第一部のみである（それでも邦訳の国民文庫版で3冊になる）。

残りの二部、「資本の流通過程」と「資本主義的生産の総過程」は、マルクスの死後、膨大な草稿を盟友のエンゲルスが編集したもので、特に最終の第三部は未完成感を強く与える。

まずはっきり述べておかなくてはならない。**『資本論』は、経済学の本ではない。マルクスが好んで使った語を再利用すれば、これは「経済学批判」の集大成である。**経済学批判は経済学の一部ではない。逆であって、私たちが「経済」と呼ぶ現象をその一部に含む人間的・社会的なプロセスのすべてが、『資本論』に詰め込まれている。

一例を挙げよう。

冒頭の商品論の中に「価値形態論」という名高い箇所がある。一見、物々交換から貨幣が生まれるまでの過程を描いているとの印象をもつが、そうではない。

最も単純な価値形態は、「x量の商品A＝y量の商品B」という等式で表される。なーんだ、やっぱり物々交換じゃないかと思うかもしれない。

だが、物々交換や数学の等式であれば、左辺と右辺は完全に対称的で、ひっくり返しても同じことを意味しているはずだ。ところがマルクスは、左辺を相対的価値形態、右辺を等価形態と呼び分けていて、両辺の非対称性を強調している。

これは、自己（A）と他者（B）の出会いにおける他者の優越性、自己が何ものかであるために――つまり自己のアイデンティティの確立に――、他者（からの承認）が不可欠だという事情を表現しているのである。こうした事情の発展の果てに、貨幣（一般的等価形態）が現れる。

この展開は、同時に、政治権力の発生のメカニズムの説明としても、また、人が神なるもの（貨幣に対応）を信じざるをえなくなる理由の説明としても解釈できる。

マルクスは、こんなふうに述べている。

「商品は、一見、自明な平凡なものに見える」のだが、商品をきちんと分析してみると、「商品とは非常にへんてこなもので形而上学的な小理屈や神学的な小言でいっぱいなものだ」ということがわかる、と。

これは通常の科学的な説明とは真逆である。普通は、私たちが、何か神秘的な力とか、霊力とか、神学的な何かとかが作用しているのではないか、と思っているところに、科学者がやってきて説明してくれる。

それは迷信ですよ、そんな「形而上学的な小理屈や神学的な小言」とは関係ありませんよ、と。科学的な説明とは、一般に、神や超自然的な力に関係しているように見える現象を、ごく当たり前の物理法則のようなもので説明できる、ということを示すものだ。ふしぎなことに思えたかもしれないけれど、この世界で起きている、自明で平凡なことのひとつだ、と。

しかし、マルクスは正反対のことを言っている。私たちは、市場で売買するとき、打算的で合理的な者としてふるまっているのであり、そこには迷信も幻想もないと思っている。商品は役立つから欲しいだけだし、それを入手するのに貨幣を使うのは、貨幣に神秘的な霊力が宿っているからではなく、皆の暗黙の約束で、それが交換に使える便利な道具だからに過ぎない。

しかし、『資本論』によれば、自明で当たり前の功利的行動に見えるということ、そのように思うことこそ、むしろ錯覚なのである。**商品を売買したり、利潤をどこまでも追求したり、資本を繰り返し投下したり、等々の資本主義の中で生じていることがらは、神学的な現象に近い、神学的な論理で動いている、**とマルクスは論じているのだ。

『資本論』の中には、「(神の)受肉」等のキリスト教由来の用語やヘーゲル哲学の難解な語が登場するが、マルクスはかっこつけて、それらの語を用いているのではない。それらの語によってしか記述できないことを『資本論』は説明しようとしているのだ。

あえて要約するならば、**『資本論』が述べていることは、資本主義とは一種の宗教だ、**

ということだ。それは、無意識の宗教である。「無意識の」というのは、そのとき、人は自分が宗教から最も遠く隔たったところにいると思っているからだ。

『資本論』第一巻に、「彼らはそれを知ってはいないが、しかし、それを行うのである」という有名な一文がある。宗教性は、「知っている」（意識）の方にではなく、「行う」（行動）の方に関わっている。つまり人は宗教から無縁だと思っているまさにそのとき、最も宗教的になってしまっている。それが資本主義である。

＊Karl Marx（1818〜83）。ドイツ出身の哲学者・経済学者

＊『資本論』エンゲルス編、向坂逸郎訳、岩波文庫全9冊／岡崎次郎訳、国民文庫全9冊／長谷部文雄訳、角川文庫全8冊／日本共産党中央委員会社会科学研究所監修、新日本出版社、新版全12分冊／中山元訳、日経BPクラシックス全4冊／今村仁司・三島憲一・鈴木直訳、ちくま学芸文庫第1巻上下

『存在と時間』（1927年）
ハイデガー
「死」から人生を捉え返す

マルティン・ハイデガーの主著『存在と時間』は、およそ100年前の1927年に出版された。

本書は、20世紀に書かれた哲学書の中で最も大きな影響力をもった書物である。

奇妙な造語がたくさん詰まったこの難解な大著は、出版されるやたちどころに、新しい思考スタイルと、悲愴感をたたえた論調によって、当時の若き思想家たちを魅了した。

ハイデガーは本書で、一人ひとりの人間を「現存在《ダーザイン》」という風変わりな語で呼ぶ。ドイツ語「Dasein」の原義は「現にそこにある」である。

なぜ普通に「人間」とか「主体」とかといった語を使わないのか。人間はそれぞれに、まさにここと呼べるような固有の状況の中に投げ込まれているからであろう。

現存在の存在の仕方は、「気づかい」によって特徴づけられる、とされる。つまり現存

在とは、自分の存在、自分のよきあり方を気づかうという本性をもった存在者である。

もし自分の存在の可能性というものを本気で気づかうならば、現存在は、ひとつの重要なことを見すえざるをえない。おのれの死である。

いつとは確定できないがいずれ確実に自分の存在そのものが不可能になる（つまり死ぬ）。死を運命として自覚的に受け入れることを、「死への先駆」と呼ぶ。実際に死が訪れる前に、死の方へ先走って行き、そこから自分の人生を捉え返すからだ。

死への先駆によって、現存在は自分の将来の（有限の）可能性というものに関わらざるをえない。そのことは同時に、過去から与えられた自分の条件や状況を引き受けることでもある。かくして今、現存在は行為する――つまり他の存在者に関わる。

ハイデガーによれば、死の覚悟がある者だけが、「良心の呼び声」に応えることができる。どうしてか。

こう考えるとよい。

死ぬことなく永遠に生きると仮定したらどうか。その場合には、今それをやるかどうかは重要なことではなくなる。いつかやればよいからだ。死がいつでも訪れうるという状況の中で初めて、今それをすべきかどうかが、真に切迫した倫理的な選択になる。本書は、存在の意味を問う中で、倫理が成立するための条件を解き明かしている。

現存在の時間に関する「脱自的」構造が、「将来→過去→現在」という循環になっているところがポイントである。

そんなこと当たり前だ、と思うかもしれない。将来に向けてやりたいことを計画し、過去の事情を通じて課されている制約条件を考慮して、最終的に現在、可能なものの中からベストを選択する……というのは、誰もがやっている普通のことだ、と。

しかしハイデガーが論じているのは、こんな凡庸なことではない。

将来への関わりは、死への先駆からやってくるのだった。ということは、「将来」という時間が、過去としての、あるいは過去のような様相を帯びている、ということである。

死とは、すべてが終わり、もはや不可能になってしまうときである。その「死」を視野に入れて将来を見ている以上は、将来は、「そのときにはすでに終わってしまっている（だろう）」という様相で捉えられていることになる。そのような意味での将来を起点にして、「過去」と「現在」が見返される。

するとどうなるのか。

「将来」が過去性を帯びたというところから捉え返しているということは――ここからは

ハイデガーが直接書いていることを超えた私の解釈が入るのだが――、「過去」の方が今度は将来性・未来性を帯びるということである。過去が、まるで未来のように可能性に開かれているときとして現れるのだ。……とは、どういうことなのか。

過去はもちろん、すでに起きたこと、すでに選択したことである。その「過去」が将来性を帯びるとは、あのときに起きたかもしれないこと、あのときにできたかもしれないこと、それなのに実現しなかったこと、現実になることに失敗した潜在的な可能性、そうしたことがらが、過去の「現に起きたこと」とともに、ありありとたち現れる、ということである。

その上で、現在に回帰して行為する。

と、どうなるのか。後に現在を振り返ったときに、つまりこの「現在」を過去として見返すような将来の地点から見返したときに、（通常だったら）「あれもできたはずなのに」と痛切な後悔の念を感じるような、まさにそのあれを、実際に、この現在において選択する、ということである。

死への先駆に触発された、現存在の脱自的な時間構造がなかったら、現存在は「あれ」を選択せず、安易な「これ」を選択するだろう。

良心の声に応えるということは、惰性で「これ」を選択することを拒否して、決然と「あれ」を選択することだ。このような含意をもつ『存在と時間』という書物自体が良心の声である。お前は本来的に生きているのか。

ハイデガーは、予告していた続篇を書くのを放棄してしまった。そのため本書は未完のまま終わっている。そのことが余計にこの本に不気味な魅力を与えている。未完結性が、不意に訪れうる死を暗示することになったからだ。

＊Martin Heidegger（1889～1976）。ドイツの哲学者
＊『存在と時間』熊野純彦訳、岩波文庫全4冊

『革命について』（1963年）

ハンナ・アレント

いかにして権威を調達するのか

1980年代の初頭、アメリカの社会学者のピーター・バーガーは、そのときにはすでに没していたハンナ・アレントについて、"Man of the Year"と同じような意味で、"A Woman of this Century"にあたると論じたことがある。

バーガーが言うように、まちがいなくアレントは20世紀を代表する政治思想家である。ドイツ出身で、ドイツで教育を受けたが、ユダヤ人だったので、ナチスの時代にドイツを離れ、最終的にはアメリカに亡命した。

アレントの著作としては、『全体主義の起源』や『人間の条件』が特に有名だが、ここではあえて『革命について』を選んだ。本書は、フランス革命とアメリカ独立革命とを比較して、前者はダメで、後者だけが成功した革命だったと見なした書物として知られている。

普通、近代の幕開けと見なされているフランス革命を、アレントはどうして失敗した革命と評価するのか。

フランス革命は、貧困の問題（経済問題）の解決を中心に置いたからだ。アレントに言わせれば、動物的な必要を満たすことなど、「政治」の名に値しない。アメリカ革命が引き起こされたのは、アメリカ人が飢えていたからではない。アメリカ革命の目的は、本来の政治の条件にかなっていた。それは「自由の創設」である。

この「自由《フリーダム》」という語に、アレントは独特の含みをこめている。つまり自由は、好き勝手なことができるという意味ではない。**自由とは、公共的空間に現れ、かけがえのない個人として尊重される中で討論し、政治的に活動できる、という意味だ**。自由な空間は、ゆえに、「現れの空間」である。

本書で最も興味深い論点は、**アメリカ革命が確立した憲法体制《コンスティチューション》がどうやって正統性を獲得したのか**、という話題である。

権力が持続するためには、権威に支えられなくてはならない。正統性の問題とは、いかにして権威を調達するのか、ということである。アメリカが独立革命において直面した課題がこれだ。

普通は――ヨーロッパの伝統では――、政治の外部の絶対者（神、自然法、教会など）に頼る。絶対者が権威の源泉とされてきた。

しかし、ヨーロッパの伝統から自分を切り離したアメリカでは絶対者に依拠できない。アレントによれば、アメリカ革命は共和政の古代ローマに倣った。

どういうことなのか？

古代のギリシャやローマの法は、超越的な絶対者をもたずに成り立っていたわけだが、ならば、いかにして権威が生まれたのか。

持続する新しいものとしての政治体を「創設」する行為、つまり建国という行為そのものが権威を含んでいたのだ。**偉大なことを成し遂げた「創設」の行為に、自分たち自身が感動し、それに深い敬意を抱き続けること、これが権威となる。**

ローマでは元老院が建国の父の代理人だったのだが、アメリカでは、創設された憲法を解釈する最高裁が、元老院の代わりだというのがアレントの見立てである。

ここで我が身を振り返ると、ひとつのことに気づく。

日本の戦後体制が今日に至るも迷走しているのは、日本人に、それを自分たちで創設したという確信がないからではないか、と。

創設の行為が生み出すはずの権威が、日本の戦後体制には宿らなかった。

そもそも、アレントが思い描いた政治の公共的空間と最も遠く隔たったところにあるのが、日本人の政治である。日本の政治の根底には「空気の支配」がある。

アレントの公共的空間は、すべての個人が誰とも代えられない固有性をもつものとして現れるので、「複数性」を本性とする。それに対して、「空気」は常に一枚岩で、個人が突出して現れることを嫌う。

いずれにせよ、アメリカを含め今日の状況は、アレントがこの本を書いたときよりも複雑になっている。われわれは、格差や気候変動など経済に起因する難題を政治に関係ないとして無視するわけにはいかない。かといって、経済にだけ関わっても経済問題すら解決しない。

フランス革命的なところから始まって、アメリカ革命的なところに至ること、二つの革命を横断すること、これが今求められていることだ。

＊Hannah Arendt（1906～75）。ドイツ出身の政治思想家

＊『革命について』志水速雄訳、ちくま学芸文庫／『革命論』森一郎訳、みすず書房

『意識と本質』（1983年）
井筒俊彦
貫いているのは、「普遍」への意志

本書は、人間の意識がどのように事物の「本質」を捉えるのか、ということについての考え方の違いを基準にして、イスラームやユダヤ教までも含む多様な東洋哲学を分類し、それらの間の位置関係を明らかにした書物である。

出現した歴史的な順番についてはまずはカッコに入れ、その主張の内容にだけ着眼し、互いの間の論理的な関係を基準にして東洋哲学全体の地図を作成しようとしているのだ。

こんなことができるのは、まず井筒俊彦だけだ。井筒はイスラーム思想の専門家だが、それだけではなくあらゆる東洋哲学に（実は西洋哲学にも）精通していた碩学《せきがく》中の碩学である。井筒の前に井筒なく、井筒の後に井筒なし。こう言いたくなる。

ところで「本質」とはどういう意味か。

本質とは、「Xとは何か」という問いに対する（正しい）答えである。たとえば「君主と

は何か」という問い。もし正解が「仁愛なり」なら、仁愛が君主の本質だということになる。だが、どうやったら本質であるところの正しい答えを見つけられるのか？　どのようにしたら、事物の本質を見出すことができるのか？

本書によると、東洋哲学には、その方法に関して三つの考え方がある。

第一に、瞑想の果ての直観や悟りなど深層の意識の働きを通じて本質を見究めることができるとするもの。朱子学などがこれに入る。

第二に、マンダラのようなイメージやシンボルを通じて本質を捉えられるとするもの。密教がその典型である。

第三に、事物に正しい言葉＝名前を与えれば、普通の表層の意識で本質を認識できるとするもの。たとえば儒教の名実論がこれに入る。

このように分類すると、この中には収められない例外が二つあることがわかる。しかも、その二つは同じ例外でも、正反対の位置にある。この三分類を基準にすると、このことに気づくのだ。まず、無理をすれば第一の類型に入れられなくはないが、あと一歩でこの三分類そのものからはみ出してしまう――いやすでにはみ出しているかもしれない――という意味で極限にあるのが禅である。

禅は、無心（意識の究極的原点、つまり意識のゼロ度）に至り、事物の本質など存在しないと悟れ、と説くのだから。禅によれば、本質と見えたものは、言葉による世界の区分け（分節）が生み出す錯覚だ、ということになる。

禅とは逆の極限が、カッバーラーと呼ばれるユダヤ教神秘思想である。

カッバーラーは、禅と反対に、本質がまさに言葉とともに無から創造されるとする。言葉と本質が対応していると見なす点では、先の第三の類型に入ると思われるかもしれないが、やはりそこには収められない。なぜなら、カッバーラーが本質と対応していると見なす「言葉」は、通常の言葉ではなく、神の言葉なのだから。

二つの例外（禅とカッバーラー）は、北極と南極のように離れている。が同時に、私には、ぐるりと一巡して、両者は紙一重の近くに来ているようにも見える。

言葉で表したことは本質ではなく、その意味では常に嘘になってしまうという禅の感覚と、人間の言葉では真理には至ることはできず、神の言葉だけが本質と結びついているというカッバーラーの認識は、同じではないが、きわめて近いところにいる。

井筒の『意識と本質』という書物を貫いているのは、「普遍」への意志である。

この本は、「かつてこんな哲学や思想がありましたよ」と歴史的な事実を紹介しているのではない。人類が蓄積してきた知を総合して真理に迫ろうとしているのだ。

まことに驚異的な野心！　だが、なぜ「精神的東洋」なのか？（本書の副題は「精神的東洋を索めて」）。それは、「近代」を相対化し、乗り越えようとしているからである……と私は理解している。

近代は、西洋を母胎として生まれてきた。本書が「東洋」という語で指しているのは、西洋ではないすべての文明である。**井筒は、近代化への過程の中で忘れられ、葬られてきた哲学や思想をすべて呼び覚まし、それらに適切な位置を与えつつ、近代をトータルに乗り越えうるような普遍的真理を見出そうとしているのだ。**

近代が、部分的な修正では利かないような困難に立ち至っているということ。井筒は本書を著した1980年代にそのような洞察をもっていたわけだが、この点は、誰もが地球社会の「持続可能性」を心配している今日、より明白になっている。

本書は、今いっそう読む価値が高まっている。

＊いづつ・としひこ（1914～93）。哲学者・言語学者・慶応大学名誉教授

＊『意識と本質』岩波文庫

『時間の非実在性』（１９０８年）

ジョン・エリス・マクタガート

世界の不可解を直視する勇気

私たちは常に「時間」を気にして生きている。

このままでは間に合わないとあせり、終わってしまったことを後悔し、明日に希望をもつ。だが私たちの悩みの中心にある「時間」とはそもそも何なのか？

そのように問われると、急に答えに窮する。ゆえに、「時間」は古来、哲学の中心テーマであった。とりわけ、20世紀の前半、人類は急に、それまで以上に「時間」という謎に取り憑《つ》かれたらしく、この時期、時間をめぐる文学作品や哲学書が、たくさん書かれた（プルーストの『失われた時を求めて』、ハイデガーの『存在と時間』等）。

20世紀の初頭（１９０８年）に書かれたマクタガートの論文「時間の非実在性」も、そうした思想の流れの中に位置づけられる。

この論文は、一般にはあまり知られてないかもしれないが、哲学者の間の評価は非常に高い。今では、時間の哲学の古典中の古典と目されている。それなのに、ずっと邦訳がなかった。2017年にようやく、訳者永井均が本文より長い注解をつけた邦訳版が出た。

この論文の中で、マクタガートは三つのことを言っている。

第一に、**出来事を時間の中に位置づける仕方、つまり時間を表現する仕方には、二つの種類がある。「より前、より後」と「過去、現在、未来」。本書では、後者がA系列、前者がB系列と名付けられている**。

「大坂冬の陣の後に、大坂夏の陣があった」はB、「かつて〔過去〕本能寺で織田信長は明智光秀の襲撃を受けて自害した」「彼は今日〔現在〕、原稿を書いている」「人類はまだ〔未来〕火星に行っていない」等はAである。

第二に、**時間にとってより大事なのはA系列である**。これには、Bの方が基本的だと反対する哲学者も少なからずいる。私はマクタガートが正しいと思う。

カレンダーを見るとき何を思うか。日付の順番(B)がすぐにわかるが、最も気になることは「今日は何日か」ということ(A)ではないか。

以上を前提にして、マクタガートが導き出した第三の論点が、度肝を抜く。時間にとってA系列が不可欠ならば、**時間は実在しない**、と。

「それはいったいどういう意味だ、わかるように説明してくれ」と言いたくなるが、ダメである。マクタガートだって、時間が実在しないということがどういうことなのかよくわからないはずだからだ。

彼はむしろ、時間とはわけのわからないものだ、謎なのだ、ということを論証したのである。たとえば「黒い白馬」は実在しない。矛盾しているからだ。

マクタガートは、A系列には、これと同じように矛盾があるということを、緻密な推論を通じて証明している。この証明が成功しているかについては、哲学者の間でも賛否両論。私はこの点でもマクタガートを支持する。

ちなみに2017年に、イタリアの理論物理学者カルロ・ロヴェッリが『時間は存在しない』というタイトル（これは邦訳タイトルで、原著の本来のタイトルは『時間の秩序』）の本を出し、世界的なベストセラーになった。

物理学者も似たことを主張していると思うかもしれないが、そうではない。

マクタガートの主張の方がはるかにラディカルである。

ロヴェッリが言っているのは、物理学の基本的な方程式の中から、時間変数（t）をなくすことができるということ。彼は、「変化」の実在は疑ってはいない。

しかし、マクタガートが実在しないと主張しているのは、この「変化」という現象である。変化が生じるためには、A系列が必要だ。未来のことが、現在になり、そして過去になる。これが変化である。A系列としての時間の非実在は、変化の非実在と同じことになる。とすると、やはりわけがわからない。

「黒い白馬」が実在しないという主張の意味はわかる。そういうものがその辺を歩いているのを決して見ることがないという意味だ。

しかし、時間が実在しないというのはどういうことなのか。誰にもわからない。

普通、知性は理解力だと思われているが、そうではない。知性が与えてくれるのは、世界の不可解さを直視する勇気である。この本は知性を鍛えてくれる。

ああ、それにしても、私たちの人生をかくも厳しく支配している時間なるものが実在せず、幻影だとしたら……?

＊John Ellis McTaggart（1866〜1925）。イギリスの哲学者

＊『時間の非実在性』永井均訳、講談社学術文庫

『贈与論』（1925年）

マルセル・モース

なぜ人は贈与を義務と感じるのか

私たちは必要な物や貴重品の大半を買物（市場交換）で得ていて、贈り物はおまけのようなものと見なしている。しかし、前近代社会、とりわけ文字をもたない社会や古代社会では違った。贈与こそがほぼすべてだ。

マルセル・モースが1923〜24年にかけて発表した「贈与論」は、北米先住民、ポリネシアやメラネシア等の民族、そして古代社会の儀礼的な贈与を比較研究した長大な論文である。

私たちの冠婚葬祭にも贈与はつきものだが（結納、香典など）、儀礼的な贈与とは、それの大規模なものだと思えばよい。このような社会では、極論すれば、人々は贈与のために生きている、と言ってもよいほど、贈与がもつ意味は大きい。

特に有名なのは北西アメリカのトリンギット族、ハイダ族に見られるポトラッチである。

主人は気前よさを見せつけるために、客に莫大な富や食物を与え、しまいには、貴重な物をこれ見よがしに破壊してみせるという。

このような贈与には、社会生活の全側面が関わっている。つまり、経済的な価値をもつだけではなく、政治的影響力の源泉であり、宗教的儀式であり、倫理的な義務の履行でもある。そのため、モースは、これを「全体的社会的事象」と呼んだ。

贈与は、与える義務、受け取る義務、お返しする義務の複合から成り立っている。モースが最も頭を悩ましたのは、これらの義務がどこから来るのか、つまり何が人を贈与へと駆り立てるのか、という問いである。

これは難問である。

最もわかりやすそうなお返しの義務すら、反省してみると謎めいている。

そもそも贈与は、お返しや支払いの法的義務がないからこそ贈与なのだ。にもかかわらず、私たちは贈られるとお返ししなくては、と思う。つまり、お返しはしなくてもよいはずなのに、しなくてはならないのだ。

ならば、さっさと返せばよいかと言えば、そうではない。

もらったとたんに即座にお返しをしたりすると、かえって相手を怒らせる。即座のお返しは攻撃的な意味をもち、社会関係に破壊的に作用するのだ（つまりケンカを売っているかのように感じられる）。

贈与とお返しの間に隔たりを置かなくてはならないのは、まずは、「お返し抜きの贈与」というものが成立したことを、双方が承認しなくてはならないからだろう（このことを思うと、互酬的な贈与が、外見的にはこれと似ている商品の売買や物々交換とはまったく異なるものであることがわかる）。

それなら、そもそもお返しなどしなくてもよいのかと言えば、「お返しは要らないよ」と言われたときでさえも、ほんとうにお返しをしなかったら、互いの間の関係は致命的に壊れてしまうだろう。やはりお返しはしなくてはならない。

結局、返さなくてはならないのに、完璧すぎる返済は、かえってよくないのである。

あるいは、次のようなことを思い起こしてみるとよい。

贈与とお返しの間のバランス、つまり互酬こそが正義の原型である……と考えられている。善いことをすればその分が報いられ、悪いことをするとその分だけ罰せられるのが正義だ、と。

ということは、負債こそが罪悪の原型のはずである。しかし、民間説話や世界文学を振り返ってみると、借りている方ではなく、金を貸している人の方がたいてい悪人として描かれている。『ヴェニスの商人』でも、金を貸しているシャイロックが悪人で、負債を清算していないアントーニオの方が善人だ。互酬が正義ならば、これはおかしなことではないか。というわけで、贈与は真の謎である。

なぜ人は贈与を義務と感じるのか。どうして人は贈与をせずにはいられないのか。あまりに不可解なので、モースは、マオリ族（ポリネシア）の説明をそのまま回答にしている。贈与された物には、精霊（ハウ）が宿っていて、それを受け取った者に返礼やさらなる贈与を強いるのだ、と。

どんな人間社会にも贈与という現象は見られる。

しかも、繁殖とは無関係に常に贈与する動物は人間だけである。

人間とは何か。この問いへの答えの鍵が、「贈与」には秘められているかもしれない。

＊Marcel Mauss（1872〜1950）。フランスの社会学者・民族学者
＊『贈与論　他二篇』森山工訳、岩波文庫／『贈与論』吉田禎吾・江川純一訳、ちくま学芸文庫／有地亨訳、勁草書房／『太平洋民族の原始経済』山田吉彦訳、日光書院

『社会契約論』（1762年）
ジャン＝ジャック・ルソー
「一般意志」とは？　それが最大の問題だ

1762年に出されたジャン＝ジャック・ルソーの『社会契約論』は、そのおよそ四半世紀後に勃発したフランス革命の指導者たちにも影響を与えた、近代政治思想の基礎となる書物である。が、その割には読まれていない。

次のような認識が冒頭に置かれている。

「人間は自由なものとして生まれたが、いたるところで鉄鎖につながれている」

「鉄鎖」とは、政治権力による拘束のことである。ここから、**どのようにしたら自由と権力を両立させることができるのか**、どのような権力であれば、自由を抑圧したことにならないのか、という問いが提起される。

まず、人々の自由な意志によって政府の設立が合意されなくてはならない。これが社会契約だ。政治社会、つまり国家を生み出すこの契約は、全員一致の合意によるというところが肝心である。ルソーには、こうした合意が可能だという確信がある。この確信がどこから来るのか、何が根拠になっているのか、興味深いところだが、先に進めよう。

そうして設立された政府は法に基づいて活動する。**法が、人民自身が制定したものであれば、つまり人民の「一般意志」の表現であれば、人民は結局自分で自分を規制しているのだから、人民の自由が侵されたことにならない。**これがルソーの考えだ。

そうだとすると、最大の問題は、何がその「一般意志」なのかである。

ルソーは、一般意志は、それぞれの個人の利益に関わる「特殊意志」を足し合わせた「全体の意志」とは違うと主張する。ならば、どうしたら一般意志が何であるのかわかるのか。心配はいらない。

ルソーによれば、**多数決によって決められる法は、一般意志と合致している。**……とすると、ルソーの言っていることはなんだか矛盾している、と感じないだろうか。皆の特殊意志を足しても一般意志にはならないと述べているのに、多数決――それこそその「足し算」ではないか――で法を決めれば、それが一般意志の表現だとも主張しているのだから。

が、実は、ここには矛盾はない。

いくつかの条件が満たされていれば、全体の意志とは独立の一般意志を多数決で見つけることができることがわかっている。

ルソーの述べていることを、コンドルセの「陪審定理」の線にそって解釈すればよいのだ。ルソーがこの定理を知っていて、活用した、という意味ではない。

ルソーは、陪審定理にあたることを直感的に先取りしており、それが後にコンドルセによって数学的に定式化され、きちんと証明された、という趣旨である。

どのような条件がそろっていれば、多数決で一般意志が見出されるのか。

日本で「原発の存廃をめぐる国民投票」を実施するという事例で説明しよう。

第一に、一般意志には客観的な「正解」がなければならない。

つまり、日本という共同体にとって何がよいのか、ということについては正解があるのだ。それは、さまざまな関係者の間の利害の調整や妥協ということとは違う。「日本は原発をもつべきか」という倫理的な問いについての正しい答えがある、という前提が必要である。

だから、第二に、投票するそれぞれの個人は、原発があった方が自分にとって得か損かではなく、どちらがその正解なのか、つまり日本にとって何がよいのかという観点で投票しなくてはならない。

たとえば自分は電力会社に勤めているから原発があった方が有利だ、と考えてはダメであって、勤め先がどこであろうと、日本にとってはどちらがよいのか、という基準で判断をくだし、投票しなくてはならない。

そして第三に、人々が賢明で、正解率は五割を超えていなくてはならない。

これらの条件が満たされていれば、多数決を通じて一般意志を見出すことができる。

政治家やマスコミはかんたんに「国民の意志」に言及する。

しかし、それが真の一般意志であるための条件は、今述べたようにかなり厳しい。

たとえば選挙の結果によって国民の意志が示された、などと言われるが、もしそれぞれの個人が、自分自身の損得に基づいて投票していたとすれば、選挙の結果は一般意志ではない、ということになる。

＊Jean-Jacques Rousseau（1712〜78）。思想家

＊『社会契約論』桑原武夫・前川貞次郎訳、岩波文庫／平岡昇・根岸国孝訳、角川文庫／作田啓一訳、白水Uブックス／『人間不平等起原論　社会契約論』小林善彦・井上幸治訳、中公クラシックス／『社会契約論／ジュネーヴ草稿』中山元訳、光文社古典新訳文庫

『想像の共同体』（1983、1991、2006年）

ベネディクト・アンダーソン

「国民」はどう形成されたのか

国民・民族《ネーション》は想像された共同体である。

どのようにしてその想像力が形成されてきたのかを、それこそ想像力あふれる洞察をもって、豊富な事例を引用しつつ説明したのが本書である。

だが、そのメンバーによって、互いに仲間として想像されているということは、「国民」に限らず、どんな共同体でも同じではないか。メンバーの想像力の中で活きいきとした実在感をもたなければ、どんな共同体も成立しえない。

たとえば家族は、そのメンバーの一人ひとりの想像の中で互いが同じ家族の一員と認め合い、運命をともにするひとつの共同体であると実感されているからこそ成り立つ。居候は同居していても、その想像の中に含まれていなければ、家族の一員ではない。遠く離れて暮らしている息子も、想像されたサークルに含まれていれば、やはり同じ家族の一員である。

どうして、アンダーソンは、国民に関してだけ、「想像の」ということを強調したのか。**国民は、想像の中にのみ実在しているからである**。

国民以前（以外）の共同体は――少なくともそのメンバーたちが命がけで守ろうと思うほどに強い絆で結びついた共同体であれば――、基本的には、個人や家族を中心とした伸縮自在の親密さのネットワークとして存在している。たとえば、「彼は私の仲間である、何しろ我が妹の夫の友人なのだから」等と。想像の前に、この親密／疎遠のネットワークがあるのだ。

だが、国民はこれとは異なる。どんなに小規模な国民でも、それを構成する個人は他の大多数のメンバーのことを知らない。間接的に知る機会すらもたず、一生会うこともないだろうし、お互いそのことをわかっている。

それなのに、国民は想像の中では生々しいリアリティがあって、深い水平的な（つまり平等な）同朋意識によって連帯している。人はときにそのために死ぬこともいとわない。

このような独特の共同体である国民は、今日では非常に標準的な人間のあり方だと信じられていて、地球上の人口のほとんどがいずれかの国民に所属していると思い描かれているが、本書によれば実は、国民は近代の産物である。

最も古い国民も18世紀末より過去には遡ることができない。

たとえば「日本人」なる意識が民衆レベルで浸透したのも、明治時代の中頃である。江戸時代の列島の住民にとって、「日本人であること」は、それほど大事なアイデンティティの要素ではない。

「フランス革命の時代のフランス貴族は……」などと、私たちは言ってしまうが、当の「フランス貴族」は、自分を「第三身分（平民）」と同じフランス人だとは思っておらず、むしろヨーロッパに張り巡らされた貴族たちのネットワークに所属していることを重視していた。この事実を考慮に入れると、ひとつのことに気づくだろう。

国民は、自分自身の起源を、実際よりも古くに求めたがるということに、である。「○○人」のルーツを古代に見定めたりする。国民にとって、古いことはとても誇らしいことだ。ゆえに、アンダーソンは、国民をめぐるパラドクスのひとつとして、「客観的には新しいのに、主観的には古い」というねじれを挙げる。

国民は、歴史学者や社会科学者の客観的な眼には比較的新しい現象として見えるのに、国民自身は自らをはるか昔から続いてきた共同体だと感じているのだ。

このような性格をもつ国民とナショナリズムは、どのような社会的メカニズムを通じて形成され、普及したのかをアンダーソンは説明した。

彼が見出したいくつもの原因の中で最も有名になったのは「出版資本主義」である。「俗語」の出版物が、資本主義的な野心をもった企業家によって浸透したことが重要だ、と。「俗語」というのは、ヨーロッパのラテン語のような知識人や聖職者の宗教語・学問語ではない、言文一致の文章のことだ。要するに私たちが今「日本語」「フランス語」などと呼んでいる普通の言語だ。

するとたとえば次のようなことが生ずる。

これを読んでいるあなたは、毎朝、新聞を読む習慣をもっているに違いない。このときあなたは、ほぼ同時に、ほぼ同じ情報を得ている——あなたが直接には知らない——読者が、全国津々浦々にいることを知っている。この読者の共同体が国民の範囲にだいたい相当する。

＊Benedict Anderson（1936〜2015）。アメリカの政治学者

＊『定本 想像の共同体』白石隆・白石さや訳、書籍工房早山

『プラグマティズム』（1907年）
ウィリアム・ジェイムズ
「信ずる力」を取り戻す思想

19世紀の後半、南北戦争が終わって間もないアメリカで、まったく新しい哲学が誕生した。「プラグマティズム」。この語を発明し、新思想を展開し始めたのはチャールズ・サンダース・パースだ。パースは万能型の天才で、ヨーロッパの哲学に追随するだけではなく独自に概念を構築し、理論を展開した最初のアメリカの哲学者だ。つまり「アメリカの」とはっきり言いうる哲学は、パースとともに始まった。

だが、「プラグマティズム」という新奇な語を広く世に知らしめ、わかりやすく変更したのは、パースの友人ウィリアム・ジェイムズである。

本書は、彼が１９０６年から07年にかけて行った連続講演である。ジェイムズも偉大な心理学者・哲学者で、『心理学』等の独自な著書もあるのだが、プラグマティズムがその後のすべてのアメリカ哲学の源流になったという事実を重く見て、ここでは、本書を取り上げよう。

ここに示されたプラグマティズムの要点は、斬新な「真理」観にある。それまで、真理とは「信念と事実との一致」だとされてきた。ところが**ジェイムズは、真理であるとは、その信念が行為にとって有用であるということだ、と主張した**。と聞くと、ちょっと待てよ、と思うのではないか。役立ちゃなんでもいいのかよ。それはお手軽すぎないか。

アメリカは、厳格なプロテスタントが作った国であり、その精神の中から生まれた思想にしては、プラグマティズムのこの主張はあまりに現世利益的だ（ちなみにジェイムズには『宗教的経験の諸相』という本もある）。当時の大御所哲学者バートランド・ラッセルは、ジェイムズの哲学を知って、これはアメリカ風の拝金主義だと罵倒した。

実際、ジェイムズも真理概念を「現金」の比喩で説明している。

だが、**ジェイムズのプラグマティズムは決して信仰を冒瀆《ぼうとく》するものではない。逆に、信ずる力を取り戻す思想である**。このことはデカルトと対比してみるとよくわかる。

デカルトは、疑いうることはすべて疑った。その結果、「私が考えている」ということ以外、何ひとつ確実なことはない、というところにまで自分を追い詰めてしまった。こうなると人は、一歩も前に進めず、何ひとつ行動を起こすことができなくなる。

それより、**自分が信じていることを、勇気をもって肯定しよう。その信念を運用した結果、有効な結果がもたらされたとしたら、その信念は「真理であった」ということになるのだ**。これがプラグマティズムである。

この発想の転換が、いくつもの哲学的な前提をひっくり返すことになった。一例を挙げよう。「有用」とか「善」とかは、その人の価値観と切り離せない。有用性によって真理を定義すると、「事実と価値の区別」も捨てられる。

ところで、プラグマティズムの発案者パースは、この概念の普及をどう見ていたのだろうか。彼は、広く受け入れられたプラグマティズムは、自分が考えていたものとちょっと違うぞ、と思っていたらしい。そのため、彼は、自分の哲学は「プラグマティズム」ではなく「プラグマティシズム」だ、と名前を変えてしまう。このくらい醜い名前なら、誰にも盗まれまい、と。

だが、私は今ここに紹介したような意味でのプラグマティズムは、パースの本来のモチーフを大きく裏切るものとは思わない。その証拠が、パースが提起した「アブダクション」という推論の方法である。伝統的には、二つの推論の方法があるとされてきた。演繹（一般的な原理から特殊な原理や事実を導き出すこと）と帰納（いくつもの事象の間に見出される共通性から一般的な原理や法則を導き出すこと）である。
パースは、しかし、これらに加えて第三の推論の方法としてアブダクション（本来は「誘拐」を意味する語だが、ほぼ造語と見なしてよい）があるとする。

アブダクションとは、こういうことだ。とても意外な驚くべき事実Qが見出されたとする（たとえば山の真ん中で魚の化石があった）。ここで、もしある事実Pが真だとすると、この意外な事実Qも当然のことだと考えられるとしよう（もしこの山がかつては海だったと仮定すれば、魚の化石があったとしてもふしぎではない）。

このとき、Qが真であると結論しよう、というのがアブダクションだ。

これは絶対に確実な真理に到達する方法ではない（P以外にもQを説明できる事実はあるのかもしれない）。懐疑（なぜQなのか）から信念（Pに違いない）への飛躍を許す方法だ。プラグマティズムが信ずる力を取り戻そうとする思想だったことを思うと、アブダクションはこの狙いをより徹底させたアイデアだと言える。

＊William James（1842〜1910）。アメリカの哲学者

＊『プラグマティズム』桝田啓三郎訳、岩波文庫

『善の研究』（1911年）
西田幾多郎

「わからん！」からこそ、すべてを考え直す試み

明治44（1911）年に出版された西田幾多郎の『善の研究』は、日本人によって書かれた最初の哲学書である。

それ以前にも、西洋哲学の翻訳や紹介はなされてきた。

しかし、西洋哲学において提起されていた問題を正面から受け止め、自らの精神に無意識のうちに沈殿している日本的・東洋的な知の伝統にそれを反響させながら、自ら独自に思索し、固有の世界観を提示した日本語の書物としては、これを嚆矢《こうし》とする。

要するに、自分で物を見て、自分で物を考えている、と見なしうる哲学書が、初めて日本人によって書かれたのだ。

本書は、最初はほとんど売れなかった。しかし、親鸞《しんらん》とその弟子唯円《ゆいえん》を主人公とした戯曲『出家とその弟子』で文壇の寵児《ちょうじ》となっていた倉田《くらた》百三《ひゃくぞう》が、大正10（1921）年に

出した評論集『愛と認識との出発』で本書から強い衝撃を受けたと書いたのをきっかけに、急に読まれるようになった。

『善の研究』は、戦前の若き知的エリートにとっては必読書（というより必携書）だった。

本書のキー概念は「純粋経験」である。

純粋経験とは、主観と客観が分化する以前の意識の統一状態のことだ。

たとえば次のような感じである。

波打際に立って水平線に沈む太陽をうっとりと眺める。このとき、こちらに見る主観があって、あちらに海や太陽といった客体があるなどという意識はない。ただ裸の自然の情景が喜びの感情を帯びてたち現れるだけだ。

「未だ主もなく客もない。知識と其の対象とが全く合一して居る。これが経験の最醇《さいじゅん》なるものである」

この純粋経験こそが真実（ほんものの実在）であるとして、ここから、すべてを考え直す試み、道徳や宗教までも含むすべてを考え直す試み、これが『善の研究』である。

倉田百三も、「個人」という区別に先立つ純粋経験という概念に出会ったおかげで、自分は独我論から脱することができた、と記している。

本書で見出された「純粋経験」が、西田の後の思索の中でさらに展開し、「無の場所」とか「行為的直観」といった西田固有の概念を生み出していく。

「場所」とは、現実がそこにおいて現れる「この私」という場である。「この私」、つまり「真の我」は現象が生ずる前提であって、それ自身は、完全に反省し尽くされ、対象化されることがない。だから「無」とされる。

この場合の「無」は、有に対立する無ではなく、有（〜である）とも無（〜でない）とも規定できないという趣旨なので、有無の対立を超越し、有無の両方を包んでいる。つまり、有無という絶対的に相反するものがひとつのものになってしまうので、西田のよく知られた語を使えば「絶対矛盾的自己同一」ということになる。

「行為的直観」は、物への関わりには知的観想を超えた行為的側面があることを強調した概念である。

われわれはいわば、行為によって物を見る。が、このとき肝心なことは、主客の関係が固定されてはいないということだ。つまり私が行為において物を限定するということは、物が私を限定することでもある。これが行為的直観である。

西田の文章は超難解だが、そこには、真に納得するまで問いを究めようとする迫力がある。

日本哲学史を専門とする藤田正勝が紹介するところによると、弟子の一人で、後にフランス哲学の研究者となった澤瀉久敬《おもだかひさゆき》は次のようなエピソードを伝えている。

あるとき西田は講義の途中で黙り、考え込んでしまった。そして、突然「わからん！」と言って講義を止め、さっさと帰ってしまったという。残された澤瀉たち学生は愕然とし、やがて先生以上に深刻な気持ちになり、自分たちも「わからん」ということに感動して教室を出たという。

ここで反省したくなる。われわれは、現代の日本人は、西田の「わからん！」を継承してきただろうか。かんたんにわかってしまったこと、軽く「わかった」と思ってしまったことはたいてい、ほんとうにはわかっていない。

「わからん！」をいったん刻み込まなくては、真の主体的な理解には達しない。

＊にしだ・きたろう（1870〜1945）。哲学者

＊『善の研究』小坂国継全注釈、講談社学術文庫

II

『アメリカのデモクラシー』（1835、1840年）
トクヴィル

「平等」であることへの執着

フランスの名門貴族の息子アレクシ・ド・トクヴィルは、フランス革命が終結してから6年後にあたる1805年に生まれた。西ヨーロッパでは、フランス革命に少し遅れた世代――親が革命と同時代だったが自分自身は革命を直接には経験も目撃もできなかった世代――が、特別に鋭い歴史感覚をもっているように思う（トクヴィルよりは若いが、たとえばマルクスも大きく見れば、その世代に属している）。

トクヴィルは、1831年に――七月王政と呼ばれている期間が始まって間もない頃に――フランス政府に派遣されて、アメリカで9カ月の視察旅行を行った。視察の目的は、「刑務所制度の研究」ということになっていたが、トクヴィルは、刑務所だけを見学したわけではない。この9カ月のアメリカ旅行の体験をもとに書いたのが『アメリカのデモクラシー』である。

これは旅行記ではない。アメリカ社会を題材にしたデモクラシー論である。二巻で構成されており、第一巻は1835年に、第二巻は1840年に出版された。どちらの巻もかなり大部である（岩波文庫の邦訳では、どちらの巻も上下の2冊になっている）。

26歳のトクヴィルは、実地で体験したアメリカ社会に強い衝撃を受けた。

アメリカはデモクラシーの最も発達した国であり、デモクラシーこそ人類の共通の未来である以上は、アメリカは、フランスの未来である、と。

日本人から見れば、革命によって絶対王制を倒し、人権宣言を発したフランスはデモクラシーの大先輩だが、そのフランスに属する者が、アメリカに、自分たちとは異なる――自分たちのあるべき――進歩的要素を見たところが興味深い。

アメリカ人自身も、トクヴィルによって描かれたアメリカをとても好ましいと感じてきた。その証拠に、アメリカの政治家はしばしば、演説で本書の一節を引用する。

特にトクヴィルが強い印象をもったのは、平等であることへのアメリカ社会の強い執着だ。ここで言う「平等な社会」とは、無条件の不平等性がいかなる意味でも絶対に正当化されない社会という意味である。

革命後も貴族制《アリストクラシー》の根を断ち切ることができないフランスとはまったく違っていた。

あるいは、結社による社会活動が盛んなことにも、トクヴィルは驚嘆している。フランスでは、結社はたいてい特権集団であり、自由な職業活動の敵だった。

ところが、**アメリカ人は、何か事業をやるとなると、すぐに結社が作られる。新事業の先頭に立つのは、フランスではいつでも政府であり、イギリスならば大領主だが、アメリカでは必ず結社が姿を現す。アメリカでは、結社が自由を促進し、デモクラシーを補完しているのだ**。

宗教に対する感覚の違いにも注意が払われている。アメリカには、聖職者が公権力に就くことを禁ずるなど厳格な政教分離の原則がある。それなのに、政治の場に宗教的観念が浸透することをアメリカ人はいささかも恐れていない。アメリカの社会と歴史に対するトクヴィルの観察は、今日の観点から振り返ってもきわめて的確だ。

私たちはしばしば、当事者でなければほんとうのことはわからない、などと言うが、トクヴィルの例は、このような言い方が必ずしもあたらないということをよく示している。**トクヴィルは、アメリカ人自身も自覚できていないこと、気づいていないことを見ぬいている**。トクヴィルにそれができたのは、彼がアメリカ社会を外から観察する旅行者だったからに違いない。

しかし、トクヴィルの洞察に説得力があるだけにかえってなお、私たちは今日、より深い疑問の前に立たされることになる。

たとえば、フランス人が賛嘆したほど平等志向が強いアメリカに、奴隷制や人種差別があったのはどうしてなのか。どうして未だに、黒人への差別が完全には克服されないのか。また、現代のアメリカに、とてつもなく大きな経済的不平等があるのはどうしてなのか。

臨機応変にその度に結社を形成しながらさまざまな社会問題・政治問題を解決してきたアメリカのコミュニティ（地域社会）が、今日、政治学者ロバート・パットナムが「孤独なボウリング」という語で表現しているほどに崩壊してきたのはどうしてなのか。

ピューリタン的な宗教的観念が政治的・社会的な場に深く浸透しているアメリカが、同時に、極端に世俗的で快楽主義的な資本主義を先導しているのはどうしてなのか。

＊Alexis de Tocqueville（1805～59）。フランスの政治思想家

＊『アメリカのデモクラシー』松本礼二訳、岩波文庫全4冊／『アメリカにおけるデモクラシーについて』岩永健吉郎訳、中公クラシックス／『アメリカの民主々義』杉木謙三訳、朋文社／『アメリカの民主政治』井伊玄太郎訳、講談社学術文庫全3冊

『言葉と物』（1966年）

ミシェル・フーコー

知の枠組は不連続に変化する

ミシェル・フーコーの主著のひとつ『言葉と物』は、中世（16世紀まで）から近世（17～18世紀）を経て、近代（19世紀～）に至る西洋の学問史の本である。

と、紹介すると、地味で退屈な本だと思われるかもしれない。しかし、1966年に本書が出たとき、人々はその斬新な歴史観に度肝を抜かれた。ふつう学問史には、分野ごとに偉い学者が次々と出てきて、少しずつ知識が蓄積され、真理に近づいていきた、という物語が書かれる。しかし、フーコーの書き方はこれとはまったく違った。

時代ごとに基本的な「認識枠組《エピステーメー》」がある。同時代の学問は同じ認識枠組を前提にしているので、分野ごとに異なる内容を扱っていても、互いに同じ構造をもっている。その認識枠組は徐々に変化するのではなく、突然、不連続に変化する。

それでは、どう変化してきたというのか。

中世においては、記号とそれが表す事物とが同じ水準に属している。世界そのものが一種の書物なのだ。このとき、何かがある事物の記号になりうるための条件は類似である。たとえば紐が蛇を表す記号になるのは、蛇に似ているからだ。

というわけで、**中世の認識枠組の中心にあるのは「類似」である**。

類似を鍵にして、旅籠屋《はたご》に城を、女中に貴婦人を見るドン・キホーテはまだ中世の認識枠組を生きている。が、時代は次の段階に移行し始めていたため、彼の旅は滑稽譚にしかならない。セルバンテスの『ドン・キホーテ』は、第一部が1605年に、第二部が1615年に発表されている。

近世――古典主義時代と呼ばれる――においては、記号の秩序と事物の秩序ははっきりと別の系列に分かれ、人は、両者の間に対応をつけることで事物を認識する。記号は事物と似ている必要はない。地図は山や海に似てはいなくても、認識に役立つ。

近世の認識枠組を特徴づけているのは、事物を鏡のように映すこの（記号との）対応、つまり「表象」である。具体的には、まず博物学は、自然物の特徴を記号によって分析する学であり、富の分析（重商主義）は、商品を表象する交換価値としての貨幣についての学であり、そして、一般文法は、表象の中の表象ともいうべき「名」を重視する。

フーコーは、近世（古典主義時代）の学はすべて、記号がその上で可能になる表《タブロー》の学である、とする。近代において初めて、事物の系列から記号の系列を分離した上で、両者を関係づける蝶番の働きを担うもの、つまりは認識し欲望し意志する「人間」が、認識の対象になる。**主体であると同時に客体でもあるような人間、（神とは違う）有限な人間が認識枠組の中心に置かれたのが、近代である。**

中世から近世への移行は、セルバンテス（『ドン・キホーテ』）によって代表された。では、近世から近代への移行を代表する作家は誰だったのか。フーコーによると、マルキ・ド・サドである。『ジュリエット物語』（1797年から1801年にかけて出版）をはじめとするサドの小説では、「表象の限界」と「欲望の暗い反復的な暴力」が主題となっている、というのがフーコーの解釈だ。

生き、そして死んでいく有限な人間、欲望し活動する人間が、認識枠組の中心に置かれているということが、それぞれの学問において具体的にはどのように現れているのか。

経済学では、労働の意味が発見される。生物学では、（死との対比における）生命の概念が登場する。そして、言語の歴史分析を中心とする言語学では、語尾の変化である語の「屈折」が着目されるのだが、その際、特に重視されたのは動詞である。なぜなら――名詞においては単に見えるものが表現されているだけだが――、動詞において人間は自分の欲望や意志について語るからである。

まとめると、中世から近世を経て近代へと至る展開の中で、西洋の知の認識枠組を規定する要素が、「類似→表象→人間」と転換してきた、というのが『言葉と物』の中心的な主張である。そして、最後に登場した人間も「波打ちぎわの砂の表情のように消滅するであろう」という一言で本書は閉じられる。

21世紀の現在の知の状況を見ると、フーコーのこの予言は当たった。現在の生命科学や認知科学の中で、人間は他の事物と並ぶ物質であり、操作したり介入したり改造したりできる一種の機械に過ぎないからだ。客体であるだけでなく主体でもある特権、経験的でもあれば先験的でもある二重性は、もはや人間には認められてはいない。「人間」は、知の中心からは去った。が、そうしてできた空席を埋めるものは、まだ出てきてはいない。

*Michel Foucault（1926〜84）。フランスの哲学者
*『言葉と物』渡辺一民・佐々木明訳、新潮社

『王の二つの身体』（1957年）

E・H・カントーロヴィチ

「神学」のような政治哲学

1642年のイングランドの清教徒革命は、王権を否定した最初の市民革命だった。だが、このとき清教徒が掲げたスローガンがまことに奇妙だ。「王（King）を護《まも》るために王（king）と闘う」と。王を排しているのに、どうして王を護るとも言っているのか。

西洋の近世の王権は、「王は二つの身体を有する」という独特な観念によって、その支配を正統化していた。二つの身体とは、自然的身体と政治的身体である。自然的身体は通常の肉体のことで、衰えるし、過ちも犯す。政治的身体は、不可視・不可触の抽象的身体で、愚行もしなければ、失敗も犯さない。それは政体の持続性や威厳を代表していた。

シェイクスピアの芝居に出てくる王は、この「二つの身体」の理論に基づいて描かれている。たとえば『リチャード二世』。リチャード二世は、前半では、自分の身体がいかに崇高かを誇り、誰にも侵すことができないと語るが、後半では、死すべき自らをめめしく哀れむ。前半は政治的身体として、後半は自然的身体として、自らを語っているのだ。

清教徒革命の一見矛盾しているように見えるスローガンも、この「二つの身体」論を前提にすれば理解可能になる。清教徒たちは、自然的身体（king）を打倒し、政治的身体（King）を護ろうとしているのである。

カントーロヴィチが1957年に発表した『王の二つの身体』は、王の身体をめぐるこの「政治神学」が成立するまでの複雑な歴史を辿った労作である。結論的に言えば、**王の身体の二重性は、神でありかつ人でもあったキリストの、世俗の政治への応用である。**特にパウロが教会のことを「キリストの身体」と呼んだことが大きい。これによって、「神／人」の対立と「集団（教会）／個体」の対立を重ねることが可能になったからだ。パウロの言う「教会」の部分が「王国」に置き換われば、「王の二つの身体」になる。

結果だけ見ればこういうことなのだが、歴史のふしぎは、そこまでの過程の中にある。キリスト教に結びついていると述べたが、王権がカトリック教会に強く依存していた中世の段階では、この政治論は完成しなかった。王権が教会への依存度を下げ、かなり世俗化したときに、ほとんど神学のようなこの政治哲学が完成する。いわば、王がキリストから離れたことで、かえってキリストに似てきたのだ。

どうしてそうなるのか。政治が直接に教会の支配下にあるときには、王は、いくらキリストに似ているとされても、キリストに対して格下である。王がキリストと同格の二重性をもつためには、教会への依存を小さくしなくてはならない。このように、**キリスト教はしばしば、当事者がその影響から脱したと思ったときにこそ、むしろ真の影響力を発揮する**。

そのため、しばしば、最も世俗的だと思っている概念や制度が、キリスト教に起因することがある。「法人」もそのひとつである。カントーロヴィチによれば、王の政治的身体は、最も初期の「法人」のひとつでもある。われわれは法人を、経済や法の機能的必要に応えるために導入された便宜的な擬制だと考えている。だが、その源泉として「キリストの身体（神秘体）」がなければ、「法人」なる概念は成り立たなかったのだ。

本書の読みどころのひとつは、時間概念の刷新について論じた箇所である。自然的身体と違って、政治的身体は永続しなくてはならない。しかし、「永続」という見方は、キリスト教の観点からは冒瀆的である。キリスト教は、始まりと終わりがある終末論に基づいているからだ。時間を超越している神は永遠だが、時間に内在するすべての被造物は、有限ではかないものでなくてはならない。何ものも永続はしない。

どうやって、**「時間に内在する永続性」**ということが認められるようになったのか。カントーロヴィチによると、さまざまな要因が関係しているのだが、神学的には、「天使」が重要な役割を果たした。天使も神の被造物のひとつだが、人間とは違って永続するからだ。ということは、「キリストの身体」を起源にもつ「法人」という概念は、「天使」という産婆を得たことで生まれたことになる。

一般に、民主的な市民社会は絶対王制を倒して生まれたとされる。それは正しいのだが、カントーロヴィチが示そうとしたことは、清教徒革命の例にも現れているように、**王権を乗り越える契機自体が、西洋の王権の中から生まれた、**ということである。ここで、「人民」や「国民」は、王の政治的身体の変形の産物だということが、間接的に示されている。

日本の皇室は、しばしばイギリスの王室と比べられる。しかし、以上の紹介からも明らかであろう。背景にある観念は著しく違っている。天皇は、西洋の君主と同じ意味での「二つの身体」をもってはいない。

＊E. H. Kantorowicz（1895〜1963）。歴史学者
＊『王の二つの身体』小林公訳、ちくま学芸文庫上下

『プロテスタンティズムの倫理と資本主義の精神』（1904〜1905年）

マックス・ヴェーバー

禁欲の思想が生んだ逆説

社会学史上最も偉大な学者として、およそ1世紀前に亡くなったマックス・ヴェーバーの名を挙げたとして、それに異論を唱える人はほとんどいないだろう。そのヴェーバーの関心や考え方が最もはっきりと表れている長大な論文が、『プロテスタンティズムの倫理と資本主義の精神』である。本書は、社会学史上最も大きな影響力をもった書物だ。

資本主義――近代的な資本主義――は西欧で生まれ、今日では完全にグローバルなスタンダードとなっている。そのため西欧は始めから経済的な先進地域だったと思いたくなるが、そうではない。**中国やイスラーム圏に比べて西欧は経済的に遅れた地域だった。その西欧で、近代的な資本主義が生まれたのはなぜなのか？**

この問いを通じて西洋と近代の本質に迫ったのが本書である。

この問いへのヴェーバーの回答は、カトリックに対抗して16世紀に出てきたプロテスタントたちの厳格な倫理的生活態度（エートス）に、「資本主義の精神」の源泉がある、というものだ。

ここで気をつけなくてはならない。本書の目的は、資本主義のルーツを歴史的に探り当てることにあるわけではなく、起源の事実を明らかにすることを通じて、資本主義という条件と親和的な関係にある人間の特質を解明することにある。「親和性」はヴェーバーが好んで使う表現だが、「相性がよい」というような意味である。

さて、すると、資本主義は普通「強欲」という性質と結びつけられているので、凡庸な学者は、宗教的な束縛から人間の欲望が解放されたことが、資本主義が出現し、普及した原因だ、と考える。だが**ヴェーバーは、真実はこれと正反対のところにあると洞察した。日常生活全体に禁欲を浸透させた思想が逆説的にも、資本主義の精神につながったのだ、と。**

ここで、資本主義の精神とは、「Beruf（ベルーフ）」の思想を伴う、合理的な思考と生活の形態である。「合理的」というのは、利潤追求のために合理的に考え、一貫して行動するという趣旨だが、この行動に道徳的な義務としての性格を与える「ベルーフ」という概念が肝心である。

プロテスタントの登場とともに、「ベルーフ」というドイツ語が「職業」を意味する語として使われるようになるのだが、この語には独特の含みがある。
「ベルーフ」の本来の意味は「呼びかけ」である。職業が、神から呼びかけられた使命であり、道徳的義務だという含意があるのだ（邦訳では「天職」等）。「資本主義の精神」の合理的な生活・思想を支えている非合理的な要素としてのベルーフ。このような非合理性は宗教的な要素に関係しているとしか考えられない、とヴェーバーは論ずる。

本書で特に重視されているのが、プロテスタントの中でもカルヴァン派の予定説だ。キリスト教は終末論の構成をとっている。終末の日に、最後の審判がある。この審判の場で、それぞれの個人は、救済され天国に入ることができるのか、それとも呪われ地獄に行くかが、神によって告げられる。ここまではキリスト教の共通の設定だが、予定説という教義はここにさらに次のことを付け加える。

誰が救済され、誰が呪われるかは、全知の神によって最初から決められており、人間のいかなる行為もその予定を変えられない、と。しかも自分がどちらに決定しているかを、人間はあらかじめ知ることはできない。

ここで読者は躓《つまず》く。こんな教義は、人間の行為になんの影響も与えないように思えるからだ。もし教師が生徒に、お前たちの合否は始めから決まっている、と言ったら生徒は勉強しないだろう。生徒に勉強をさせたければ、たとえばたくさん出席すれば、きちんとレポートを提出すれば合格するだろう、と言わねばならない。

宗教も同様である。普通の宗教は、何かをすれば救済されると説く。修行すれば、寄付をすれば、何かの善行をすれば等々。しかし、予定説は何をしてもムダだとする。ならば、予定説を信じたところで何が変わるというのか。

ところがなんと、ヴェーバーによれば、**予定説が、人間の行動にかつてないほどの大きな変化をもたらした。どんな論理が働いて予定説が、行動に影響を与えたのか。**この論理こそ、資本主義が隠してきた、最も奥深い秘密である。

ここでは、思わせぶりのヒントだけを書いておく。神は、人間の教師と違いすべてを知っている。すなわち神は、結果(最後の審判での判決)だけではなく、そこまでの過程を含むすべてを始めから知っている。信者たちによるこの想定に鍵がある。

*Max Weber(1864~1920)。ドイツの社会学者
*『プロテスタンティズムの倫理と資本主義の精神』大塚久雄訳、岩波文庫

『不完全性定理』（1931年）

クルト・ゲーデル

理性の可能性と限界

クルト・ゲーデルが1931年に証明した不完全性定理は、数学史上最も重要な命題だ。それどころかギリシャで哲学が始まって以来の人類の知の歴史の全体の中で、最も偉大な発見であるとする者もいる。

というのも、それはワンオブゼムの知ではなく、知を探究する理性そのものの可能性と限界を見定める定理だからだ。不完全性定理は、二つの定理からなる。

第一に、「(自然数論を含む) 数学のシステムは不完全である」。

普通、正しい (真である) 数学的命題は証明可能で、誤った (偽なる) 命題は反証可能だと考えられている。証明か反証のどちらかができる命題のことを決定可能な命題と呼ぶ。そして、すべての命題が決定可能なとき、そのシステムは完全だとされる。

第一の定理は、数学には、証明も反証もどちらもできない決定不能な——しかも真でもある——命題が必ず存在している、ということだ。

決定不能命題をイメージしたければ、「私は嘘つきだ」という発言、自己言及的な発言を思うとよい。この発言は嘘とも本当とも決められない。この発言を本当だと仮定すると、嘘だということになり、逆に嘘だと仮定すると、本当だということになる。

第二に、「数学のシステムは、自己の無矛盾性を証明できない」。

無矛盾とは、証明可能であると同時に反証も可能であるような命題を含んでいないということだ。辻褄《つじつま》の合わない命題がないということが、「正しさ」の最小限の条件であろう。しかし、この第二の定理によれば、数学は自分の正しさを証明することができない。

普通、数学こそが真理の土台であると考えられている。だが、不完全性定理によると、数学の中に、証明できない真理、真理であることを確証できない真理が含まれている。それゆえ、ゲーデルの定理は「理性の限界」を示している、というのが一般的な解釈である。

しかし**ゲーデル本人は、自身の限界さえも自覚しうる人間の精神は、機械には模倣できない偉大さをもつ、と考えていたようだ**。

遺稿から推察すると、晩年、ゲーデルは神の存在の証明に取り組み、それに成功したと確信していた。しかし、不完全性定理の含意をすなおに受け取るならば、次のように言うべきだ。神は、仮に存在しているとしても、自分の知に当惑し、混乱しているだろう、と。神はすべての真理を知っているはずだが、そうだとすると——不完全性定理が示しているように——神の知は矛盾を含まざるをえないからだ。**全知であることが神を定義する要件（のひとつ）だとすれば、神は自己否定的なものとしてのみ存在している、ということになる**。

なお、『不完全性定理』は邦訳されているが、数学なので、一般の人にはハードルが高い。特別な数学の知識がなくても読むことができる関連書を紹介しておく。

私がゲーデルの定理に出会い、おもしろさに目覚めたのは、E・ナーゲルとJ・R・ニューマンの『数学から超数学へ』（林一訳、白揚社）を通じてである。

この本は、証明の核の部分を素人向けにごまかしたりせずに、きちんと紹介しているが、中学生でも読めたのだから難しくはない。証明の詳細をきちんと勉強したい人には、前原昭二『数学基礎論入門』（朝倉書店）がお薦めである。

最後に、山口昌哉氏に監修してもらって、私自身が宮台真司さんとともに邦訳したG・スペンサー＝ブラウンの『形式の法則』（朝日出版社）を紹介しておきたい。ブール代数を二次（以上の）方程式にまで発展させることで、自己言及の逆説を積極的に扱いうる数学を構築する試みだが、予備知識なしで読める。二次方程式を解くとき、われわれはそうと気づくことなく、実は自己言及の逆説を乗り越えている。たとえば、

$$x^2+1=0$$

は、

$$x=\frac{-1}{x}$$

と変形すれば明らかなように、自己言及の形式をもつ。xで割り算するともとに戻るのだから、xは単位元（±1）のはずだが、嘘つきの逆説と同じように、$x=1$と仮定すると、$x=(-1)/1=-1$となり、逆に$x=-1$と仮定すると、$x=(-1)/(-1)=1$となってしまう。この逆説は、実数（正の数と負の数と0）ではない数、虚数を導入することで解消する。

ところで、虚数こそ、ゲーデルが晩年にその存在を証明したと思った「神」、しかも矛盾を内部に抱え込んだ自己否定的な神の別名だとしたらどうだろうか。

＊Kurt Gödel（1906～78）。オーストリアの数学者

＊『不完全性定理』林晋・八杉満利子訳、岩波文庫

『快感原則の彼岸』（1920年）

ジークムント・フロイト

「死の欲動」はどのように解釈できるのか

ジークムント・フロイトは、臨床の経験を通じて、「無意識」という心の領域を発見し、それを探究する学問「精神分析」を、たった一人で創造した。19世紀がちょうど終わる頃から、20世紀の前半——第二次世界大戦勃発の直前までの時期——にかけてのことである。

無意識とは、単に意識していない（知らない）という意味ではない。私はそれを知っている。しかし、私は、自分が（それを）知っていることを知らない——自覚できていない。このような状態が無意識だ。

知っていて、かつ知っていること自体を知っていることはいくらでもある。また知らず、かつ知らないことを自覚していないことはもっとたくさんあるだろう。さらに、知らないということを知っている（自覚している）こともある。これら三つに加えて、知っているのに、知っていることと自体を知らないことがあるのだ。それが無意識である。

この「無意識」を対象とする学問としての精神分析を確立する苦闘の中で、フロイトは、人間の心の仕組みに関する独創的な仮説をいくつも提案した。そうした仮説の中に登場する「エディプスコンプレックス」「イド／自我／超自我」などの概念は、賛否の議論を呼び、ときに誤解もされたが、それでも一定の理解が得られ、普及し定着した。

しかし1920年に刊行された『快感原則の彼岸』で提起されたある概念だけは、あまりに突飛《とっぴ》で、容易には理解されなかった。

人間は一般に快を求め、不快を避ける。これは自明のことで、フロイト自身もこのように思っていた。だが、彼は、臨床を通じて、この当たり前だと思っていた前提が成り立たないケースがあることを発見し、驚愕する。不快きわまりないとわかっていることへとあえて向かう執拗な傾向が、人間にはあるのだ。これをフロイトは「死の欲動」と名付けた。

死の欲動とは何か。フロイトは道なき道を暗中模索しながら歩むように、なんとか説明しようと試みている。こういう本を読むときには、単に字面を追いかけるだけではダメである。新しい概念の発明を促した動機を理解した上で、創造的に読解する必要がある。

フロイトに「死の欲動」なる概念を思いつかせたきっかけのひとつは、第一次世界大戦後、反復強迫に苦しむ患者にたくさん出会ったことである。

患者は夢で見たり、フラッシュバックしたりして、戦時の苦難に満ちた体験に繰り返したち返る。この反復は、やめたくてもやめられない。この症状に気づいて視野を広げてみると、戦争に関係がないケースでも、同じような症状がしばしば見られることにフロイトは気づいた。

「死の欲動」がこのような状態を理解するために導入された概念だとすると、この概念を、自殺願望や、あるいは仏教で言うところの「涅槃《ねはん》（ニルヴァーナ）」への解脱を目指す思いと同一視してはならない、ということがわかる。

「死の欲動」という名前の語感から、これを、死の安静の中に向かおうとする願望として解釈する人が多い。しかし、死の欲動は、これとは正反対の現象と関わっている。「死の」とついているがむしろ、苦しみに満ちた生が取り憑きどうしても終わらないということ、いわばどうしても死ねないということこそが、問題になっているのだ。

ならば、どう解釈したらよいのか。

概念の発明を促した本来の状況を視野に入れたときには、「死の欲動」はどのように解釈できるのか。私は次のように考えている。

人間は、自分の人生を、あるいは社会を、物語や歴史の形式で意味づけている。ところが物語や歴史の枠にどうしても収められない出来事がある。戦場で味わったリアルな衝撃などがそれである。

どうして、なんのために私はあれほど恐ろしい経験をしなくてはならなかったのか。なぜ私だけが生き延びているのか。納得いく説明は不可能だ。

物語化・歴史化に抵抗する、喉に刺さった魚骨のような出来事。そのような出来事を想起することは苦しい。人生や社会や世界に意味を与え、安心感をもたらしてくれる枠組が崩壊するのを感じるからだ。にもかかわらず、人間は、その崩壊の場にたち戻らずにはいられない。なぜか。私の理解では、フロイトの答えはこうなるはずである。

意味づけ不可能な出来事は、人生や社会を物語化・歴史化したことの代償として、それらに必ず伴っているからだ、と。

＊Sigmund Freud（1856〜1939）。精神分析医
＊『自我論集』竹田青嗣編、中山元訳、ちくま学芸文庫

『存在と無』（1943年）

ジャン＝ポール・サルトル

「神の不在」を引き受けた巨人

20世紀の中頃、サルトルは世界の思想界の皇帝であった。思想や政治に関心をもつ若者たちは——当時、知的な若者は誰もが思想や政治に関心をもっていたのだが——皆、サルトルの文学作品と彼の哲学を夢中になって読み、彼の政治的行動に注目していた。今日、サルトルに匹敵する巨人はいない。

どうして、人はあれほどサルトルに熱狂したのだろうか。

サルトルは、「神の不在」ということを率直に全面的に引き受けた最初の（西洋の）思想家だったからではないか。彼は、「王様は裸だ」と叫んだ少年だ。カント以降の哲学者は、「神」に明示的に言及して自分の議論を正当化することは稀だが、なお、神の存在を暗黙のうちに前提にしている。しかし、サルトルは、はっきりと「神がいない」と叫び、そこから出発した。

するとどうなるのか。人間には、神から与えられた目的も意味もない。だから人間は自由だ。いや、自由であるほかない。ゆえに「自由の刑に処せられている」ということになる。ここから、『存在と無』の最も重要な命題が出てくる。

ただの存在が「即自存在」、意識をもった存在（つまり人間）は「対自存在」と呼ばれるわけだが、その対自存在に関して、次のように言われる。対自存在は「それがあるところのものではなく、それがないところのものであるような存在である」。禅問答のような定義だが、次のような意味だ。

たとえば私が外科医として働いているとしよう。しかし、私とはすなわち外科医なのか、私と外科医とは等号で結ぶことができるのかと言えば、もちろんそうではない。私には「外科医」という役割には尽くされない側面もある。つまり私は「それが〔それで〕あるところのもの（外科医）」ではない。同じことはこうも言える。今述べたように、「外科医」は、「（私が）それではないところのもの」（のひとつ）ということになるわけだから、私は、「それではない〔それがない〕」という形式で、外科医であるほかない、ということになる。

要するに、私（対自存在）は定まった意味や同一性もなく存在しており、自由な選択を通じて、未だあらぬ何者かになるほかない。「実存は本質に先立つ」という『実存主義とは何か』に出てくる有名な命題も同義である。

サルトルは、対自存在のこのような構造をもとにして、「自己欺瞞」（自分自身を騙すこと）と彼が呼ぶ状態を分析してみせる。たとえば、「カフェのギャルソン」という役割を完璧に、ほとんどロボットのような精確さで果たしているギャルソンがいたとする。このとき、このギャルソンの「自己」と「役割」とがぴったり一致して、両者の間のギャップが消滅する……と言いたいところだが、私たちは、このあまりにそつなく完璧なギャルソンにかえって不自然なものを感じてしまう。なぜか。

それは、人間（対自存在）においては、誠実であることと自己欺瞞が合致してしまうからだ、とサルトルは説明する。誠実とは、「自分がそうであるところのものになりなさい」という要求に従うことである。しかし、対自存在の本質は、「私は『自分がそうであるところのもの』ではない」という構造にあった。そうであるとすれば、**私は誠実であればあるほど、私は自分を裏切り、自分を欺いていることになる。**すなわち誠実＝自己欺瞞。『存在と無』でこの部分を読んだとき私は、意外な帰結を緻密で手堅い論理だけで導くサルトルの手並みに感服した。

「アンガジュマン（政治参加）」という彼の思想も、今述べたような、自由と対自存在についての考えから導かれる。**私たちは皆状況に巻き込まれているわけだが、このとき、「状況を受け入れた」ということをも含めて、私たちの自由な選択の結果であると見なさなくてはならない。そうであるとすれば、私たちは状況に責任があり、それに積極的に関与することができるし、すべきだ、という結論が導かれる。**実際、サルトルはアルジェリア戦争に関わり、反植民地主義の立場から積極的に発言した。

往時の圧倒的な影響力を思うと、サルトルの忘却のされ方はすさまじい。私の考えでは、それは、サルトル後の世代の思想家が密かにサルトルを羨み、彼を乗り越えようとしたことの皮肉な結果である。彼らは「サルトルはもう古い、もう終わった」かのようにふるまったのである。ゆえに、20世紀後半の思想や哲学においても、サルトルは、ほんとうはなお見えない焦点である。サルトルという補助線を入れてみると、超難解な構造主義以降の本も急にわかりやすくなる。

*Jean-Paul Sartre（1905〜80）。フランスの作家・思想家

*『存在と無I－III』松浪信三郎訳、ちくま学芸文庫

Ⅲ

『自殺論』（1897年）
エミール・デュルケーム
個人的なことから「社会」を発見

　自殺ほど個人的な理由でなされるものはない。個々の自殺の背景には、人によって異なるさまざまな私的な事情がある。失恋、借金苦、試験の不合格、ときには他人にはまったく理解できない理由……等々。自殺は、社会現象には見えない。

　だが、たとえばプロテスタントが多い地域とカトリックが優勢な地域とを比べると、前者の方が自殺率がかなり高い。前者は後者の2倍にもなる。教義に違いがあって、カトリックの方が自殺を厳しく禁じているのか（あるいはプロテスタンティズムの方が自殺に寛容なのか）、というとそんなことはない。

　教義から見れば、同じキリスト教として、どちらも自殺には否定的である。それなのに、**プロテスタントの雰囲気の強い地域とカトリックの雰囲気の強い地域で、自殺率にははっきりとした差が出るのはどうしてなのか。この事実は、自殺もまた社会現象であることを示**

している。

このことに気づいたフランスの社会学者、エミール・デュルケームは、あと3年で19世紀が終わろうとしている年に公刊された『自殺論』で、**自殺を規定する社会的要因を基準に、自殺は三つのタイプに分けられると論じた**。デュルケームが着眼した要因は、社会的連帯（つまり絆）の強さである。

第一に、自己本位的自殺。これは個人が共同体から切り離され、孤立したことに由来する自殺である。プロテスタントの自殺率が高くなるのは、このタイプの自殺が多いからである。プロテスタントはカトリックより個人主義的な傾向が強いのだ。たとえばプロテスタントは、一人で聖書を読み、自由に解釈するが、カトリックは、聖書の自由検討を禁じている。プロテスタントにおいては、聖書の解釈も個人の責任なのだ。

では、集団や共同体の絆が強ければ強いほど、自殺率が低下するのかというとそうではない。絆があまりにも強いことが原因（のひとつ）となる自殺もあるのだ。それが、第二の類型、集団本位的自殺である。この類型として念頭に置かれているのは、殉死や殉教のように、他者や集団の大義のための自殺である。

これら両極に加えて、第三にアノミー的自殺と呼ばれる類型がある。

「**アノミー**」は、デュルケームが社会学に導入した概念で、規範の拘束力が弱まり、社会秩序が不安定になっている状態を指している。アノミー的自殺と自己本位的自殺の間の区別はややあいまいなところがあるのだが、後者から独立した類型としてアノミー的自殺を立てておくことには意味がある。

たとえば不況のときだけではなく、極端な好況期も自殺率が上昇する。この事実が、アノミー的自殺があることのひとつの証拠である。

デュルケームは、同時代のドイツのマックス・ヴェーバーと並んで、社会学史の両巨頭と見なされている。両者の共通点は、さまざまな現代的・歴史的な社会現象を社会学的に解釈したり、分析したりしただけではなく、「社会学」という方法自体を自覚的に検討し、反省した点にある。デュルケームの場合には、『自殺論』の2年前に、『社会学的方法の規準』というテクストを発表している。

このテクストの中で最も有名なテーゼは、「**社会は物である**」という命題である。「物」は、ここでは二つの意味をもつ。

第一に、個人の観点に立ったとき、社会は自分の外にある客観的な対象のように感じられるということ。第二に、社会は個人の行動を規定する拘束性をもっているということ。

そして、個人に対して、外部からの強制力のように作用する集合的な現象のことを「社会的事実」と呼ぶ。

『自殺論』に戻れば、たとえばあるカトリックの共同体を見ると、毎年ほぼ同じレベルの率で自殺者が出る。**自殺した当事者の事情は、きわめて個人的で多様なのに、明確な集団的な傾向がある。このような傾向として現れるような共同体の性質がある**ということである。それが、たとえば共同体の連帯の強度である。

この連帯の強度が社会的事実であり、まさに「物」としての社会が個人に作用しているさまをここに見てとることができる。

『自殺論』をはじめとする**デュルケームの研究の功績は、個人の意識には還元できない、「社会」を発見したことにこそある。**

人は自殺するとき、自分が属する社会の連帯の強さや質のことなどまったく考えていない。その人の意識は、失恋のこととか、借金のこと等で占められている。しかし、意識の外部にある社会的要因が、ある人が自殺に向かうかどうかという行動を（少なくとも部分的には）規定している。

先ほど、デュルケームの同時代人としてヴェーバーの名を挙げたが、ここで、もう一人の同時代人の名が思い浮かぶ。ジークムント・フロイトである。

デュルケームとちょうど同じ頃、フロイトが「無意識」を発見した（『夢解釈』は、『自殺論』の3年後に公刊された）。**私の考えでは、「社会」と「無意識」の間には結びつきがある。**通常の意識的な思考とは異なるところに、もうひとつの思考や意志があるかのように見えるという点で、両者は共通しているのだ。

＊Émile Durkheim（1858〜1917）。フランスの社会学者

＊『自殺論』宮島喬訳、中公文庫

『エチカ』（1677年）
スピノザ
現代社会と響き合う「倫理学」

スピノザの書いたものはとても難解だが、現代の日本で、彼の著書の邦訳やスピノザについて論じた本が意外とよく売れているようだ。さらに視野を少しだけ広げてみると、スピノザは、20世紀終盤以降の最先端の知の流行であることに気づく。ルイ・アルチュセール、ジル・ドゥルーズ、アントニオ・ネグリ等、重要な哲学者・思想家がこぞってスピノザをもちあげ、論じている。**デカルトの少し後に出てきたこの17世紀オランダのユダヤ系哲学者の思想が、現代社会が向かおうと欲しているものとどこかで響き合っているのだ。**

『エチカ』は、スピノザの主著である。

タイトルは、「倫理学」という意味である。死の2年前（1675年）には書き上げていたのだが、出版されたのは死後である。スピノザは危険思想家と見なされていて、この本は公刊前から発禁処分とされてしまったからだ。

この本を開くと、人はまず、その書き方にびっくりするだろう。定理が順に証明される、という数学書のスタイルで書かれているのだ。

内容の点では、この本の肝はどこにあるのか。

私の考えでは、この本のタイトルから連想されることの対極に、この本の、そしてスピノザ哲学一般の特徴がある。スピノザは、倫理という語で普通にイメージされている威圧的な力を消し去ろうとしている。

このことは、スピノザが何を善／悪と見なしていたかによく表れている。悪とは、ある物に対して別の物が害をもたらすような組み合わせである。スピノザによれば、すべての個物には、自分を維持しようとする力「コナトゥス」がある。その力を強化してくれる物が善いとされる。

だが、普通、倫理とは、われわれの自然な性向に抗して「なすべきこと」ではないだろうか。あれが美味しそうだが、食べてはならない、等と。**哲学者が「義務論」と呼ぶ、このような倫理観をスピノザはとらない**。

スピノザ哲学のこの特徴はどこから来るのか。あることをなさねばならないとされるのは、それが、権威ある主人の命令だからだ。そのような主人の究極の姿は、もちろん神である。スピノザの哲学には、人間に命令をくだしたり、恩寵《おんちょう》を配分したりする人格神がない。

代わりに、**この宇宙、この自然そのものが全体として単一の神だとされる。この自然の全体であるような神のことを、「実体」と呼ぶ。「実体」という語は、他の何ものにも依存せずに存在するものを指している。**

神をこのように理解することには、哲学理論的な理由があるということを説明しておこう。

スピノザに先立って、デカルトが、心と身体とを明確に区別した。私たちの常識でも、両者は異なっているので、この区別には問題がないように思うかもしれないが、両者を厳密に区別してしまうと説明できないことが生ずる。

心と身体がまったく違うのであれば、どうして両者は対応するのか。たとえば心で「腕を曲げよう」と意志すると、私の腕が曲がるのはどうしてなのか。デカルトは、両者の対応をうまく説明できなかった。

そこで、デカルトの弟子（マルブランシュ）は、こう考えた。神が、心と身体を対応させているのではないか、と。しかし、私が「腕を曲げよう」と意志すると、神がただちにそれを察知して、私の腕を曲げている……。神がせわしなくいつもこんなことをしているというヴィジョンにも、あまり説得力がない。

では、どう理解すればよいのか。ここでスピノザの登場である。単一の実体＝神だけがあり、心（思考）と身体（延長）は、その実体＝神の二つの属性であるとしたらどうか。このように見れば、心身は究極的には同一だということになり、対応の問題に苦しむこともない。

繰り返せば、スピノザの神＝実体とは、結局、自然の全体である。自然の外の超越的なところには神はいない……が、これはほとんど、端的に「神は存在しない」と言っているに等しいのではないか。かくしてスピノザは、ユダヤ神学者を目指していたのに、破門されてしまう。キリスト教側からも危険思想家と見なされた。

だが、**超越的な神を斥《しりぞ》け、神を自然そのものに内在させたところにこそ、スピノザの現代性がある。**スピノザが、20世紀後半の哲学者や思想家に人気があった理由もここにある。しかし、同時に、次のようにも言えるのではないか。スピノザはユダヤ教以上にユダヤ教的だったのだ、と。どうしてか。ユダヤ教の根本的な特徴は、偶像崇拝の禁止である。

偶像崇拝とは、絶対的な神を、人間のイメージで捉えてしまうことだ。この禁止を徹底させれば、人間の君主や父のような神の排除に、さらには「自然の因果関係と同一視された神」という概念に至るだろう。

別の言い方をすれば、スピノザは、神の似姿としての人間——外部から強制する主人——を排除したのだ。スピノザの哲学は、「禁止を守ったか」「命令に従ったか」と厳しく責任を問い詰める主人の束縛から、人を解放する。

＊Benedictus de Spinoza（1632～77）。オランダの哲学者

＊『エチカ』畠中尚志訳、岩波文庫上下

『紫文要領』（1763年）
本居宣長
心が強く動かされる「物のあわれ」の衝撃

江戸時代に、日本の学問・知は突然、豊かになる。

それ以前は、日本で独自に展開した体系的な知は、ほとんど仏教系の思想のみだったが、江戸時代においてほぼ初めて、世俗の現実世界に関連した知が探究される。

まず、朱子学を中心とした儒学が独自に発展し、それに呼応するようにして、国学という新しい知が生まれ、究められた。**国学は、日本の古典を読むことを通じて、日本に固有の精神を見出そうとする知である**。

この流れから出てきた最大の国学者が、伊勢松坂の人、本居宣長だ。

宣長が数えで34歳のとき（1763年）に書き上げた源氏物語論『紫文要領』は——ほぼ並行して書いていて直後に成った歌論『石上私淑言《いそのかみささめごと》』とともに——、宣長の最も重要な概念「物のあわれ」について論じている。『源氏物語』の主題は物のあわれを描くことにある、と。

物のあわれとは、何か。「物のあわれ」は、悲哀とは関係がない。

物のあわれとは、物との出会いにおいて心が強く動くこと——動かされること——である。悲哀等の感情の内容よりも、心が動くこと、動かざるをえないことが重要だ。

たとえば満開の桜を見て、人は「ああ、美しいなあ」と感動する。この「ああ」という嘆息こそ「あわれ」の語源である。

宣長によれば、嘆息が他人によって復唱し反復することができる言語表現になったものが、和歌である。和歌とは嘆息、文法に従った言葉になった嘆息である。

それに対して、物語は物のあわれの内容を叙述する。人は、物に触れて強く心を動かされると、それを他人に聞いてほしくなる。そうした思いに駆られた者が、物語を書く。『源氏物語』は、そのような物語の白眉《はくび》である。

『源氏物語』をはじめとする多くの物語が、恋や好色を中心に展開するのは、宣長の説明に従えば、恋・好色においてとりわけ心が大きく動くからである。不義密通のような世間が許さぬ恋であれば、あわれの程度はさらに深くなる。

『紫文要領』をその総論部分に組み込んだ、晩年の『源氏物語玉の小櫛』で、宣長はさらなる逆説を示唆している。
一般に物に触れることで人は心を動かされるのだが、あわれが最も深くなるのは、触れようとしているそれに触れ損なったとき、触れることが不可能になったとき、触れようとしているその物が喪われたときではないか、と。

『源氏物語』で光源氏が愛した女性の多くが、出家か死によって、源氏から永遠に去っていく。女性たちとの出会いに含まれる「あわれ」は、まさにこの喪失の体験において極点に達する。

宣長は、「物のあわれ」に関わる和歌や物語を、「勧善懲悪」のような儒教的な教誡《きょうかい》を目的とする書物から独立のジャンルとして確保することに努力した。

紫式部が選び、描いたことがらは、あわれを旨とする美意識――風雅の美意識――に基づいており、道徳や実用とはまったく関係がない。儒教的な「道」の発想と歌や物語の「道」の発想とは交わるところがない。

しかし宣長は後年、『古事記』を読む頃には、物のあわれを、「教誡的な書物の守備範囲だった領域」にまで押し広げた。つまり、**「物のあわれ」は、歌の範囲を超えて、人の正しい生き方を知るということにまで適用されるようになる。宣長は、物のあわれの中に、**

公的秩序をもたらす政治的なポテンシャルを見ようとしたのだ。

この経緯をかんたんに説明しておこう。

宣長以前には、『古事記』は読めないテクストだった。万葉仮名のような変な漢字で書かれていたからだ。宣長は『古事記』がどのような「音」で読まれたのかを再現するのに、異様な情熱を傾けた（その成果が、全44巻の注釈書『古事記伝』）。この情熱はどこから来たのか。

『古事記』には、さかしらな道理（宣長はこれを「漢意《からごころ》」と呼ぶ）によっていささかも汚染されていない、純粋に物のあわれに生きる生き方（神の道のあり方）が描かれているはずだ。この仮定が、宣長の情熱の源泉である。

こうして、『古事記』を読めるようにすることを通じて、物のあわれは、生き方そのものの根拠づけにも使いうる概念になった。このときには「真心」という語が使われる。真心とは、物のあわれを感ずる心のことである。

だが、私は、「物のあわれ」の概念をこのように拡大したとき、この概念の原点にあった精妙な条件が失われているようにも思う。精妙な条件とは、物に触れ損なうことにおいて触れるというあの両義性のことだ。宣長は、『古事記』は世界のありのままのありようにしっかりと触れている形そのものである、と受け取っている。

『古事記』の音読の再現は、驚くべき文献学的業績だが、その読解からは、「あわれ」という心の揺れを誘発する両義性が消えている。

私の考えでは、この両義性が見失われたことが、世のすべては神のしわざだとして、神（に連なる天皇）への随順を絶対化する宣長の尊王思想につながっている。

＊もとおり・のりなが（1730〜1801）。国学者
＊『新潮日本古典集成　本居宣長集』日野龍夫校注、新潮社

『雇用・利子および貨幣の一般理論』（1936年）

J・M・ケインズ

将来の不確定性に人はどう対応するのか

しばしば『一般理論』と略称されている本書は、経済学の歴史の中で最も重要な一冊だ。出版された1930年代、イギリスには大量の失業者がいた。非自発的失業はどうして発生するのか。これが本書の問いである。

伝統的な経済学の理論によれば、失業は本来ありえない。労働の需要と供給が一致した点で賃金が決まるはずだからだ。

しかし実際には、大量の非自発的失業者がいる。全員を雇用するほど生産がなされていないからだ。ではなぜ生産量が少ないのか。

その原因は、有効需要（実際にどれだけ売れるかということ）が小さいことにある。つまり、失業者がたくさんいる原因は有効需要の不足による、というのが、本書におけるケインズのとりあえずの答えである。

どうしたら有効需要を拡大することができるのかを探究していくと、失業のもっと深い原因が見えてくる。

有効需要は、消費需要と投資需要の合計である。

有効需要を拡大するためには、投資を大きくすればよい。

投資が大きくなると、有効需要＝生産量が増え、それは人々の所得の増大につながる。

所得が増えると、限界消費性向（増加した所得のうち消費にまわされる割合）の分だけ、消費需要が大きくなる。

消費需要が大きくなれば、有効需要も大きくなるわけだから、それが所得のさらなる増大をもたらし、再び消費を大きくする。

その消費の拡大がまたしても、所得を大きくし、消費をさらに拡大する……という連鎖が続くので、投資の増加は、その何倍もの所得の増加につながる。

これを乗数理論という。

何倍になるか（乗数）は、消費性向の大きさで決まる。乗数理論によると、投資が行われるとその投資額と等しい貯蓄が生み出される水準まで所得が変化する。つまり「投資＝貯蓄」になる。

では投資の大きさはどう決まるのか。

ケインズの説明では、企業家は、資本の限界効率（予想利潤率）が利子率よりも高くなる範囲で投資する。ということは利子率が低い方が、投資が増えるということである。ならば、利子率はどう決まるのか。

これをケインズは「流動性選好」から説明する。流動性選好とは、債券を買う（つまり投資する）よりも貨幣で保有することを好むという意味だ。

投資家は、利子率との関係で、投資するのか、現金をもつのかを決める。将来利子率がずっと高くなると予想した場合には、現金でもっていた方が得だ。だから利子率の上昇を予想する人が多いと、株や債券を売る人が多くなって、それらの値段は下がりだす。すると今度は、株や債券の利回りが高まるので、それらを買う人（投資する人）が増える。証券市場での売りと買いとが均衡したところで、債券や株の時価や利子率が決まる。

伝統的な理論は、利子率の上下を貯蓄量の大小と関係づけて説明していた。この場合の貯蓄とは、今月の収入、今年の所得の中からどれだけ消費せずに残すかということ（フロー）である。

それに対して、ケインズの理論は、過去から蓄積してきた資産（ストック）に関係づけて利子を説明した。将来の利子率の変動が、現在のストックの価値を変えてしまうからだ。たとえば、利子率が５％から６％に上がるだけで、１００万円の資産の価値は83万円に目減りする。ケインズは、いわば将来のことが過去に遡及的に影響を与えることに注目したのだ。

ケインズの理論の独創性は、将来の不確定性に人はどう対応するのか、ということを考慮に入れた点にある。

将来のことはわからず、どんなにがんばったところでその不確定性を完全に消し去ることはできない。だから不安だ。にもかかわらず、人は予期し、決断しなくてはならない。投資は、不安に抗して、あえて世界を信頼し、将来の不確定性に立ち向かうことである。逆に貨幣への愛着は、不安からの逃避だ。貨幣の価値は債権と違って安定しており、貨幣さえあればいつでも必要なものを買うことができる。

この二つの性質、価値の安定性と交換可能性が「流動性」ということである。

貨幣を保有している限り、人は将来の不確定性を直視せずに済む。

交換手段に過ぎない貨幣が、それ自体、愛の対象となって蓄蔵されるということを、伝統的な経済学は考慮に入れていなかった。

失業が出る究極の原因は、投資家たちの過剰な貨幣愛にある。

ケインズの考えでは、資本主義は、不確定性に挑戦する積極的な投資がなされているときに安定する。『一般理論』から導かれる政策、政府の公共投資によって有効需要を創出する等の政策は、投資を決断する勇気を与えるためのものだ。最後に国家が「救済する神」として買ってくれることをあてにできれば、思い切った投資もできる、というわけだ。

＊John Maynard Keynes（1883〜1946）。経済学者

＊『普及版 雇用・利子および貨幣の一般理論』塩野谷祐一訳、東洋経済新報社／『雇用、利子および貨幣の一般理論』間宮陽介訳、岩波文庫上下／『雇用、利子、お金の一般理論』山形浩生訳、講談社学術文庫

『判断力批判』（1790年）

イマヌエル・カント

美しさに着眼した理由

本書『判断力批判』は、『純粋理性批判』『実践理性批判』に続くカントの「第三批判書」である。「批判」は、「けなす」という意味ではない。人間の認識の能力について、どこまでが可能で、どこに限界があるのかを、反省的に吟味するという意味である。

第一批判は、悟性（難しげだが英語で言えばunderstand）に関わる。それは自然の中にある普遍的な法則を認識する能力だ。第二批判は、理性に関係する。この場合の「理性」は、普遍的な原理から「何をなすべきか」を導き出す能力のことである。第二批判は人間の倫理的選択、つまり「自由」に関連している。

すると、第一批判と第二批判の間にギャップがあることに気づく。自由は、「目的」ということを前提にしている。自由とは、何かの手段ではなく自分自身が目的だという趣旨だからだ。ところが、悟性の対象である自然そのものには、目的などない。ただ因果関係があるだけだ。目的は、どこから出てきたのか。

この疑問に答え、第一・第二批判の間のギャップを埋めるのが、本書「第三批判」である。ここでまず論じられているのは、美についての直感的判断、何かを「美しい」と見なす趣味判断だ。なぜ美についての判断から始まるのか。美の定義がこの事情を説明してくれる。美とは「目的なき合目的性である」。

目的がないのに「合目的的」であるというのは矛盾しているように見えるかもしれない。この定義は次のような意味である。たとえば机は、特定の目的（その上で文書を作成する等々）にふさわしい形や機能をもつ。これは目的のある合目的性である。だが、美しいということは、特定の目的にふさわしい形や機能をもつということではない。便利だがカッコ悪いものはいくらでもあるし、美しいのに使いにくいものもある。つまり、美しいものは、何かの目的のために存在しているわけではない。にもかかわらず、ある対象に関して、そのあり方が「ふさわしい」という心地よい印象をもつことがあるだろう。それこそが「美しい」ということである。目的はないのに、合目的性の形式だけがある感じがするのだ。**目的が外部にあるのではなく、そのものに内在しているように感じられるとき、人は美しさを感じる。美に関する直感的判断力にカントがまず着眼した理由はここにある。**

もっとも、直感的判断力（趣味判断）が見出す合目的性は、主観的なものに過ぎない。客観的な合目的性というものが成り立つのか。つまり、世界そのものに、自然そのものに内在する目的がある、と言えるのか。そのことを判定するのが、目的論的判断力である。目的論的判断力の批判（吟味）の部分は、苦難に満ちた登山のような厳しい展開になっていく。

今日の観点から振り返ったとき、本書で最も興味深く、しかしそれだけに微妙で、異論も出てきうる箇所は、「美」を超えた「崇高」が登場する局面である。カントはエドマンド・バークの影響で、美と崇高を区別する。まず、なぜ美だけでは足りないのかを説明しておこう。

本書の究極の狙いは、目的なるもの、特に倫理的な意味での目的（何をなすべきか）に根拠があるのかを説明することにあった。美的な対象は、確かに合目的性を感じさせる。が、その合目的性は感性的なものだ（つまり感覚的に心地よいかどうかに関わる）。

しかし、倫理的にふるまうということは、快楽の原理に従うことではない。逆に、快楽にさからってもなすべきことが、倫理である。このような意味での目的性には、美だけでは到達できない。

ここに「崇高」が登場する意味がある。「花の咲きみだれる草原」は美しい。だが「嵐うずまく大洋」は美しいとは言いがたい。が、その凄絶さは別の感情を呼び起こす。崇高である。美と崇高の違いは、後者には、(恐怖のような)不快の要素が入っている点にある。崇高な対象は、美的な対象とは異なり、まずは合目的性に回収できない調和を乱すものとして現れている。

が、カントによれば、崇高なものは、人間に、超感性的な使命——快/不快という基準を超えてなすべきこと——の感情をもたらす。だからそれは、「崇高」というポジティヴな印象を与えるのだ。感性のレベルでは反目的的な崇高なものも、感性を超えたメタレベルの合目的性の中に取り戻される、というわけである。このカントの論の展開は、かなり微妙ではある。

本書でカントはひとつの賭けをしている。そのように私には思える。世界には目的があるはずだ。人間こそがその究極の目的ではないか。ならば世界は人間を歓迎しているはずだ。

＊Immanuel Kant(1724~1804)。ドイツの哲学者
＊『判断力批判』熊野純彦訳、作品社

『正義論』（1971年）
ジョン・ロールズ
所属・利益にとらわれない選択

私たちは、できるだけ多くの人ができるだけ大きな幸福を得る社会がよい社会だ、などとかんたんに言ってしまう。このような考えを「功利主義」と呼ぶ。だが、社会の幸福度の総量が大きかったとしても、奴隷がいたり、一部の人が差別されていたりすれば、それはよい社会なのか？　一部の人の犠牲の上に、多くの人の大きな幸福や快楽が実現していたとしたら、それはよい社会なのか？　違う。「最大多数の最大幸福」よりも、正義の方が大事だ。**学問にとっては、最も重要な徳が「真理」にあるように、社会制度にとっては、最も大事な徳は「正義」である**。敢然とそう断言し、正義にかなった社会が満たすべき条件は何か、という問いに正面から答え、現代正義論の原点となったのが、ジョン・ロールズが1971年に出した本書『正義論』である。

本書は提案する。正義の制度は、二つの原理を満たさなくてはならない、と。第一原理は、基本的な自由に関して人々は平等でなくてはならない、とするものだ。基本的な自由とは、政治参加の自由、言論や集会の自由、思想の自由などである。

第二原理は、二つの項から成っている。そのうちのひとつは、「機会均等の原理」。性別や家柄などによって、特定の職務や地位に就けない、ということは許されない、とする原理である。もうひとつは「格差原理」と呼ばれる。社会的・経済的に不平等な措置をとるとすれば、それは、最も不遇な人（最も貧しい人）に最大の便益をもたらすものでなくてはならない。たとえば所得に比例した累進課税などは、この原理にかなっている。累進課税は、税率が一定ではないので不平等な制度だが、しかし、これによって得をするのは、所得が低い人である。

本書で提案された以上の正義の原理の中で、最も大きな論争を呼んだのは、格差原理である。格差原理に関しては、他の原理に比べて批判的な者も多く、賛否が分かれる。とはいえ、格差原理に全面的に反対という人は、それほど多くはない。したがって、ロールズが提案した正義の原理は割と穏当である。アメリカ人が「リベラル」と呼ぶ立場の人（民主党寄りの人）が、『正義論』の結論に近いことを主張している。

常識の範囲の結論……そう思うかもしれない。しかし本書の最も興味深い部分は実は、この結論ではない。**本書のポイントは、正義の原理を導くときにロールズが用いた論法にある。これらの原理がどうして正義であると言えるのか。**それは、――ロールズによると――ある仮説的な社会契約を考えたときに、人々はこれらの原理を満たすルールを選択するはずだ、と推測できるからだ。

どんな社会契約か。人々は全員、「**無知のヴェール**」の背後に隠れる。この魔法のヴェールの背後に行くと、誰もが、自分がこの社会の中で何者であるのか、ということを忘れてしまう。自分の国籍も性別も資産も才能もわからなくなるのだ。こういう状況で、人々がひとつの社会を建設するとしたら、どんなルールに合意するだろうか。

どうして、こんなふうに考える必要があるのか。たとえば自分が金持ちであれば、格差原理には賛成したくないだろう。しかし、金持ちが格差原理に賛成しない理由は、格差原理が正義に反しているからではない。金持ちが格差原理に反対するとしたら、それは、金持ちの利益に反するからである。正義にかなっているかどうかは、自分が金持ちなのか貧乏人なのかわからない人が、何に合意するかで決まる。

ロールズのこの論法は後に、共同体主義者《コミュニタリアン》と呼ばれる哲学者のグループに批判された。私が何者でもないとすれば（共同体主義者は、この「何者でもない私」のことを「負荷なき自我」と呼んだ)、そもそも、有意味な選択などできないではないか。選択は「何かのため」になされる。とすれば、選択が可能であるためには、私がどこに所属しているかわかっていなくてはならない。そうでなければ、何が私にとって望ましいのか、選択することができない。

共同体主義者による、このような批判はもっともだ。だが、たとえロールズの推論に誤りがあったとしても、私はロールズの論理の方により深い真実を感じる。**人は特定の共同体に所属していたとしてもなお、その共同体を超える普遍的な正義を求める。**確かに、人は自分が所属する共同体を優遇する傾向があるが、だからといって、他の共同体はどうなってもかまわない、とは思わない。自分たちの共同体の外部の人の苦しみにも、心を痛める。要するに、私たちは、人類にとって何がよいのか、と考えずにはいられない。それが人間というものである。ロールズの『正義論』は、普遍的な正義への人間の本源的な意欲に応じようとしている。

*John Rawls(1921~2002)。アメリカの哲学者
*『改訂版 正義論』川本隆史・福間聡・神島裕子訳、紀伊國屋書店

『パイドン』（紀元前4世紀）
プラトン

知ることは思い出すこと

言わずと知れたプラトン。西洋思想の原点にいる古代ギリシャの哲学者だ。プラトンの著書は基本的に対話の形式で書かれており、そのほとんどで主役は、プラトンの師「ソクラテス」である（ソクラテスは何も書き残してはいないので、私たちは、彼が何を語ったかは、プラトンの著作を通じて間接的に推測するほかない）。

『パイドン』は、プラトンの中期に属する作品で、ソクラテスが刑死の直前に仲間と交わした討論ということになっている。この対話篇をここで取り上げるのは、この中で、プラトン哲学の中心にある「イデア」についての思考が、最もまとまったかたちで展開されているからだ。タイトルの「パイドン」は、討論者の一人の名である。全体が、パイドンの回想という設定になっている。

哲学の特徴は「Xとは何か」という問いである。何がXなのかではなく——Xの特殊事

例ではなく――、Xそのものは何かを、つまりすべてのものに関してそれがXであるのかそうでないのかを判別できるような普遍的な定義を問題とすること。これが哲学だ。美とは何か、善とは何か、人間とは何か、机とは何か……。

プラトンは、「Xとは何か」に対する答えが前提にしている対象、つまり「まさにXである」とされる何かのことを、イデアと呼ぶ。個々の具体的な事物がXであるのは、イデアを分有しているせいだとされる。この花が美しいのは、美のイデアを分有しているからだ。あなたが人間であるのは、人間のイデアを分有しているからだ。

イデアという語はもちろん、今日の英語の「アイデア」という語の原点にあるギリシャ語である。「イデア」の本来の意味は何か。この語は、イデインという動詞から派生した名詞である。イデインは「見る」を意味しているので、イデアの原意は、「見られたもの」だ。しかし、語のもともとの意味に反して、イデアそれ自体は、絶対に目で見たり手で触れたりすることはできない。美しい花や美しい山を見ることはできるが、美のイデアを見ることはできない。個々の人間を見ることはできるが、人間そのもの、人間一般であるもの、人間のイデアを見ることは不可能だ。

プラトンは、造形芸術に批判的だった。プラトンの立場からすると、造形芸術は、本来は見えないはずのイデアに見かけを与える偽りだからだ（とはいえ、「イデア《見られたもの》」という語が用いられているのだから、イデアをめぐる思考がそれでもなお、視覚的体験の類比の中で展開されていることも留意しなくてはならない）。

本書で、イデアを知るとは、イデアを想起することだ、という有名な説が示される。**Xとは何かを問うのは、Xを知らないからだ**。たとえば徳とは何かと問うのは、徳が何かを知らないからだ。しかし、Xを探究するためには、Xを知らなくてはならない。たとえば財布が何かを知らずに、財布を探すことはできない。

この矛盾を解くのが、「想起」という説である。遍歴を重ねてきた不死の魂はXのイデアをもともと知っており、それを忘れていただけだ、と考えるのだ。知ることとは、その忘れていたことを想い起こすことである。不死の魂はすでにあらゆるイデアについて知っている（しかしそのことを自覚していない）というわけだ。

イデアをめぐるこのような考察を通じて哲学のしっかりした基礎が築かれた……と思うのだが、そうではないらしい。『パイドン』の少し後に書かれた『パルメニデス』では、まことにふしぎな論理が展開され、「イデア」という着想に挑戦する。

とりわけ、「一であること」と「存在」との間には調停できない矛盾がある、ということが示唆される。たとえば具体的な人間たちは多様でバラバラだが、人間のイデアは単一である。一つのものとしてある、のがイデアの本性だ。ここにどんな、論理の上での困難があるのか。まず「一」は、自分自身と異なることはできない（当たり前である）。一は、一自体と同じである……と言いたいところだが、『パルメニデス』で展開されている議論によれば、そう結論することはできない。「何かと同じ」ということはすでに、二以上であること、多であることを前提にしているからである。かくして、「一は多である」ということになってしまい、「一として存在すること」の不可能性が導かれる……。

プラトンは「イデア」というあり方に何か根本的な問題があることに気づき、イデアをめぐる理論を徹底的に鍛え直そうとしたのだ。愛知《フィロソフィア》ということの厳しさをあらためて思わざるをえない。

＊Plato（BC427〜347）。古代ギリシャの哲学者

＊『プラトン全集1』今林万里子・田中美知太郎・松永雄二訳、岩波書店／『ソークラテースの弁明・クリトーン・パイドーン』田中美知太郎・池田美恵訳、新潮文庫／『パイドン』岩田靖夫訳、岩波文庫／納富信留訳、光文社古典新訳文庫／『饗宴　パイドン』朴一功訳、京都大学学術出版会

『ドストエフスキーの詩学』（1929年）

ミハイル・バフチン

「空気」的状況の対極、ポリフォニーな世界

『罪と罰』『悪霊』など、いくつもの傑作を著したドストエフスキーは、まちがいなく、文学史上最も偉大な小説家の一人である。彼の影響を受けた文学者や芸術家は、それこそ数えきれないほどいる。日本に限ったとしても、小林秀雄、大江健三郎、埴谷雄高、三島由紀夫などが、ドストエフスキーの影響のもとで創作した。

こうした影響力の源になっている、ドストエフスキーの作品を貫く基本的な特徴は何であろうか。ロシアの文芸学者ミハイル・バフチンは、1929年に発表し、その34年後に改訂した著書の中で、ドストエフスキーの芸術理念（バフチンはこれを「詩学」と呼ぶ）の骨格となっているのは、ポリフォニー（多声音楽）に喩えられる創作手法である、と論じた。

ここで「**ポリフォニー**」という語は、**小説の中に含まれているあまたの意識や声が決し**

てひとつに溶け合うことなく、それぞれれっきとした価値をもち、各自の独自性を保っている状態を指している。普通の小説では、複数の個性や運命が、単一の作者の意識の中に組み込まれ、その中で展開するようになっている。しかし、ドストエフスキーの小説には、すべての意識をまとめる作者の観点がない。作者の声を託された登場人物もまた、他の登場人物に対して優越しているわけでも、特権的な立場にあるわけでもないのだ。

ゆえに、ドストエフスキーの小説を最後まで読んでも、作者が結局、どの人物の見解に加担していたのか、わからない。というより、**バフチンによれば、そのような特別な人物、優越的な視点が、ドストエフスキーの小説には存在しない。登場人物たちの間の対立、多数の意識の間の緊張は、最後まで解消されることなく維持されている。**

ポリフォニー性が最もはっきりと現れるのは、もちろん、論争のような場面だ。ドストエフスキーの小説の中には、そのような場面は無数にある。たとえば私は、『白痴』の終盤の、絡まり合った二組の三角関係に関与している四人の男女が一堂に会する場面を思い起こす。そこで、ムイシュキン公爵を愛する二人の美貌の女性、ナスターシャとアグラーヤが話し合う。後者は、ムイシュキンと絶対に結婚しようと決めており、前者は、ムイシュキンを諦めてもよいと思っている。とすればかんたんに話がつく……と思いたくなるが、逆に話し合いは激しい口論へと発展し、最後には、誰も思ってもいなかったような結果に至る。

論争がポリフォニックなのは、このようにあからさまなのだが、私としては、逆のシンプルな同意の場面、どちらも相手に反論する気などいささかもないような同意の場面にさえも、ポリフォニー性がある、ということを強調しておきたい。自分が心の底で思っていたことを、他人がはっきりと口にすると、私たちは驚いたり、反発を感じたりする。これが同意の中にさえ潜んでいるポリフォニーである。

『カラマーゾフの兄弟』から、そんなシーンを紹介しよう（この部分については、山城むつみさんが『ドストエフスキー』の中であざやかに分析している）。次男で哲学者的な雰囲気をもつイワンと修道僧でもある三男のアリョーシャが、自分たちの父親フョードル・カラマーゾフを殺したのは誰かを話し合っている。

アリョーシャが突然、兄に「殺したのは、あなたじゃない」と言う。するとイワンはものすごく動揺する。イワンは実際、犯人ではないし、もちろん自分が直接殺害してはいないことをわかっているので、アリョーシャから反対意見を聞かされたわけではない。アリョーシャも兄を疑っているわけではなく、ただ自明なことを確認しただけのつもりだ。それなのにイワンは衝撃を受ける。そして、アリョーシャが語ったこととはまったく逆に、父の死を密かに欲していた自分こそが真の殺害者ではないか、という思いから離れられなくなる。

自分が知っていることが、他者の口を介して言われた。それがなければ、イワンの心が深く揺さぶられることはなかっただろう。**他者が存在し、声が複数であるということのこうした強烈な意味や効果を探究したのが、ポリフォニー小説である。**

ポリフォニーの世界とはどんな世界なのか、イメージしにくい人は、こう考えるとよい。それは、日本人の得意としている「空気」なるものの全き反対物だ、と。日本人はたえず、その場の空気を読みながら生きている。日本人のコミュニティでは、空気を読み損なうことほど悪いことはない。空気を読むことができるのは、空気が完全に一枚岩で、常にその度にひとつの声しかもたないからだ。ドストエフスキーが描いたポリフォニー的世界は、この「空気」的な状態から最も遠く隔たったところにある。

＊Mikhail Mikhailovich Bakhtin（1895〜1975）。ロシアの文芸学者

＊『ドストエフスキーの詩学』望月哲男・鈴木淳一訳、ちくま学芸文庫

『根本中頌』（150年頃）

龍樹（ナーガールジュナ）

「実体の実在」を徹底否定する「空」の教説

2～3世紀の南インドの人、龍樹（ナーガールジュナ）が著した『根本中頌《こんぽんちゅうじゅ》』、略して『中論』は、仏教史上最も重要な理論書である。大乗仏教の「論書」のひとつ、ということになる。おそらく、龍樹の時代は、仏教が最も理論的に豊かになった時代であり、彼に少し遅れて、「唯識」という精緻な認識論も現れる。

さて、『中論』で説かれているのは、「実体の実在」の徹底した否定、つまり「空」の理論だ。言語で世界を捉えている私たちは、言語によって記述される対象が実在すると思っている。が、それは虚妄だというのだ。

しかし、「無い」ということを直接証明することはできない。なぜなら、「Xは無い」と言ってしまえば逆に、Xが有ったこと／有りうることが前提になってしまうからだ。そこで『中論』では、「有るとは言えない（無いとも言えない）」というタイプのことが、ほとんど詭弁ではないかと思いたくなるほど純粋に論理的に証明されていく。

たとえば「因果関係」が実在しないことの証明。結果として存在する事物が存在するか、しないか、この二つのケースしかないことは確実だろう。

まず、結果であるところの事物が存在している場合。その（結果である）事物はもうそれ自体で存在してしまっているのだから、それを存在させるための「原因」（仏教用語では「縁」）など不要であろう。

では、結果である事物が無い場合。そのときには、結果がないのだから、「原因」なるものもありえない。ゆえに、因果関係は存在しない。

あるいは、「歩く人」が実在しないということを証明する論法。

歩いている人は歩いているか？「歩いている人」というものがさらに歩くというのは不合理なので、それは歩くことではない。歩かない人は、当然歩かない。歩く人でも歩かない人でもどちらでもない者が歩くなどということもない。ゆえに「歩く人」は実在しない。

この「歩く人」の非実在の証明は、時間の非実在の証明になっている。「歩く人」が存在しないということは、「去りつつあるもの」が存在しない、ということを意味しているからだ。

このような証明が次々と提示されていく。だが**どうしてここまでして、「実体」を拒否しなくてはならないのか。「無明《むみょう》」から解放されるためである。**

無明こそが「苦」の根本原因である。無明とは無知を意味する仏教用語だが、ここでは、実在していないものを実在していると思い込むことだ。**無明から、実在しない物への執着や所有欲が生まれ、人生の苦がもたらされる。苦から解放されるためには、無明を克服しなくてはならない。**

私は、「実体の実在」を徹底的に拒否しようとする『中論』の論理を読んでいると、西洋中世の神学の中でさかんになされた「神の存在証明」を連想する。似ているからではなく、正反対だからである。西洋の中世の神学者にとっては、神の実在は自明である。自明ではあるが、彼らはわざわざ、神が存在していることを証明しようとしたのだ。

神の存在を証明するやり方には、さまざまなヴァリエーションがあった。私の考えでは、西洋の近代哲学、とりわけ存在論は、「神の存在証明」の世俗版である。いわば、神なき「神の存在証明」が、存在論だ。さらに誇張して言えば、近代科学は、結局、自然哲学から来ているのだから、西洋の科学的思考の源流には、神の存在証明があった、と言えなくはない。

神を見ることはできない。しかし、その見えない神こそが、他の何にもまして徹底して存在している、ということを証明しようとする論理が西洋にはあった。それに対して、『中論』に代表される仏教的思考は逆である。**どう見ても紛れもなく存在していると感じられるものですらも、ほんとうは存在していない、ということを非常な執念で証明してみせる**。「非在（に見えるもの）の存在証明」と「存在（に見えるもの）の非在証明」。

西洋の哲学者の中には、人を「無明」から解放しようとするこの種の仏教の論理は、個人の心の平安のためにはよいが、社会思想としてはどうだろうか、という疑問を提起する者もいる。執着や欲望を消してしまうと、ときに、不正義がなされていても気にならなくなってしまうからだ。

しかし現代の社会思想もまた、空の教説から学ぶべきことがある。ラディカルな変革のためには、既存のルールや制度への執着をいったん徹底して断つ必要があるからだ。

＊龍樹（ナーガールジュナ、生没年不詳）
＊『龍樹「根本中頌」を読む』桂紹隆・五島清隆著、春秋社、サンスクリット語原典の翻訳所収

Ⅳ

『大転換』（1944年）
カール・ポラニー

新自由主義がもたらすものは

2008年にリーマン・ショックがあってから、カール・ポラニーの主著『大転換』が、あらためて注目されている。1980年代以来――とりわけ冷戦の終焉以降――グローバル経済を導いている新自由主義《ネオリベラリズム》に対する根底的な批判を、1940年代前半に書かれたこの書物から読み取ることができるからである。

ポラニーが本書で問うているのは次のことだ。

ヨーロッパにとって19世紀は、長期にわたる平和と繁栄の時代だった。ところが20世紀初頭に、突如として世界大戦が勃発し、その後に経済が破綻し、ファシズムが登場した。この大転換はどうして生じたのか。

この問いに対する答えの鍵は、「自己調整的市場」である。

個人が自由に自分の利益を追求しうる開放的市場は、価格調整のメカニズムを通じて自動的に最も望ましい状態を、つまり最もよい資源の分配を実現する……これが自己調整的市場のヴィジョンだ。こう解説すれば、すぐに理解できるだろう。自己調整的市場こそ、新自由主義が理想とする経済である、と。

自己調整的市場の擁護者は、これを人間にとって自然な状態であると見なしている。だが、自己調整的市場に適合的な人間、つまり無限に物質的利益を追求し、合理的な取引性向をもつ人間（経済人《ホモエコノミクス》）は、自然に始めから存在しているわけではない。そのようなタイプの人間は、さまざまな制度や政治的手段によって創られなければならなかった。

本書では、イギリスで、産業革命期にどのようにして自己調整的市場の理念をもつ社会が出現したかも、説明される。

しかし**ポラニーの考えでは、自己調整的市場は、「空虚な空想」という意味でのユートピアである。それは、道徳的に望ましくなく、かつ本来は不可能なことを国家権力によって無理やり実現しなくては成り立たない経済の状態だからだ。**

本来は不可能であり、道徳的にも望ましくないこととは何か。

それは、本来商品にはなりえないはずの三つの要素を、商品化し、市場メカニズムに包摂することだ。

第一に、人間そのものが商品になっている。すなわち労働の商品化。

第二に、自然環境も商品化されている。すなわち土地の商品化。

第三に、いかなる観点からも商品として発行されたわけではないもの、つまり貨幣が商品化されている。

このように自己調整的市場は、原理的に商品ではありえないものを商品に転換し、市場の法則に従わせようとする。だから、自己調整的市場は想定通りには動かない。そこで本末転倒的なことが起きる。想定に合わせるために国家が市場に介入するのだ。

市場の「自己調整」(によってもたらされるはずのこと)を、国家が外部から実現しようという自己矛盾的なことが生ずるのだ。ここから、列強諸国の保護主義が、そして世界大戦が帰結した。ファシズムは、自己調整的であるはずの市場の混乱に抗して、社会の連帯(民族)を守ろうとする反応だったと説明される。

それゆえ、本書の結論はこうなる。

ファシズムへと向かった社会変動の究極の原因は、伝統社会から自己調整的市場社会への大転換にあった、と。

伝統社会では、「市場交換」は、「互酬」「再分配」「家政」といった他の交換様式を含むシステムの中に埋め込まれていた。そこでは、市場交換は特段に優越的な交換様式ではなく、人々への資源の分配は四つの交換様式の全体を通じて実現されていた。

それに対して、自己調整的市場社会（資本主義）は、市場交換のこうした埋め込みを否認して、市場交換を支配的な――ほとんど唯一の――交換様式として扱う。自己調整的市場社会とは、市場交換の自律性を（誤って）信じている社会である。

普通、ファシズムと自由主義は対立するものだと考えられている。しかし、ポラニーが見出したのは、ある種の自由主義、つまり自己調整的市場を信ずる自由至上主義こそが、ファシズムの原因になる、ということである。

すると気がつくだろう。

リーマン・ショック以降、『大転換』が再評価されていると冒頭に述べたが、あれから15年以上が経過した2020年代中盤の現在、この本のアクチュアリティはますます高まっている。なぜなら、今まさに、新自由主義が主導してきた市場の失調の後、世界各地でファシズム的な政党や政権が力を増しつつあるからだ。

その最たるものが、アメリカのトランプ政権である。

ヨーロッパ諸国でも、ファシズムの一種と見なしうるポピュリズムが台頭しつつある。

プーチンのロシアもファシズムのようなものである。現在、世界で同時多発的に、自己調整的市場（あらゆる倫理的制限を撤廃して荒々しく自己利益を追求することを許す市場）とファシズムの結合を夢見る政治勢力への支持が高まっているのだ。『大転換』の理論が予想する通りのことが起きている。

＊Karl Polanyi（1886〜1964）。ハンガリー出身の経済人類学者

＊『「新訳」大転換』野口建彦・栖原学訳、東洋経済新報社

『哲学探究』（1953年）
ウィトゲンシュタイン
規則は行為を決定できるか

分析哲学（言語哲学）と呼ばれる哲学の流派の原点に――唯一の原点ではないかもしれないが、少なくとも最も重要な原点のひとつに、20世紀前半に活躍した、ウィーン出身の天才哲学者ルードヴィヒ・ウィトゲンシュタインがいる。

『哲学探究』は、ウィトゲンシュタインが47歳から晩年の59歳までのあいだ書き溜めていた手稿である。死から2年を経た1953年に出版された。本書は、番号が付された七百近い「考察」から成っている。

その中から最も重要な一節を取り出してみよう。201番の「考察」の冒頭に記された次のパラドクスがそれだ。

「われわれのパラドクスはこうであった。すなわち、規則は行為を決定できない。なぜなら、いかなる行為の仕方もその規則と一致させられるから」

アメリカの哲学者ソール・クリプキが、その著書『ウィトゲンシュタインのパラドクス』のすべてを使って、この一節の含意を徹底的に引き出してみせている。クリプキの議論を参照しつつ、『哲学探究』のこの部分を読んでみよう。

人間の行為はすべて、なんらかの規則と相関している。規則に従っているか、あるいは規則に違反しているか、いずれかである。規則と無関係な行為はない。ところで、ここで、どのように行為したとしても、その規則に従っているとされるとしたらどうだろうか。どんなふうに行為しても、ちゃんと規則に合致している、規則通りである、ということになるのだとしたらどうだろうか。

その規則は、適切な行為の仕方と不適切な仕方とを区別することができないのだから、「ないに等しい」、ということになるだろう。

しかし、いくつかの不完全な規則についてこうした不都合が生じているわけではなく、すべての規則に関して、今述べたようなことが生じているのだとしたらどうか。つまり任意の規則が、どの行為が適切かを決定できないのだとしたら……。引用した一節でウィトゲンシュタインが言っているパラドクスとは、こうしたことを意味している。

そんなバカなことはあるまい！　現に私たちは日々、規則に従って行為しているではないか。

しかし、**「規則に従うこと（の不可能性）」をめぐる、ウィトゲンシュタインが見出したパラドクスは、実際に成り立つのだ！** このことを、クリプキは、まことに周到な議論を積み重ねて、証明してみせる。たとえば、規則に従っていることが最も明瞭なケース、数学の計算で考えてみよう。

誰かが――Xさんとしておこう――、「38＋43＝6」と解答したとしよう。ちょっとした計算まちがいとは思えない、とんでもない答えだ。私たちは、Xは加法の規則に従っていない、Xは加法の規則がてんでわかっていない、と思うだろう。

けれども、もしXがこの解答が加法の規則にかなっていると証明できたとしたらどうか。「6」のようなとんでもなく外れた解答でもパスするなら、どんな数でも加法の規則に従っていると見なすことができるはず。このとき、加法の規則は正しい行為（正解）を決定できない、ということになる。

そして実際、「38＋43＝6」でも加法の規則に合致していると見なすことができるということを、クリプキは論証してみせる。ここで、そのスリリングな議論の展開を紹介できないのはまことに残念だ。

読者には自分でウィトゲンシュタインとクリプキを読んで確かめてほしいのだが、ひとつだけ、理解の鍵となる大事なことを述べておこう。

「規則に従う」ということと「規則性《レギュラリティ》や傾向性《ディスポジション》がある」ということとは根本的に違う。前者には規範性（適切だ、とか、妥当だ、とかと言われる）がある。この点を念頭に置いて読めば、クリプキの議論がいかに完璧であるかが理解できるはずだ。

すると、結局、どうなるのか。普通、「規則に従っている」と言うとき、私たちは、Xさんの脳か心の中かに、「加法の規則」なるものが存在していて、Xさんは、これに規定されて個々の足し算をやっている、といったイメージをもつ。ウィトゲンシュタインのパラドクスが退けたのは、このようなイメージである。要するに、

「Xは、加法の規則に従っているなら、『38＋43』に『81』と答えるだろう」（①）

と言うことはできない。

だが、ここが終わりではない。その先があるのだ。ここで終わってしまうのだとしたら、私たちが日々、「規則に従っている」と見なしている現象はいったいなんなのかが、さっぱりわからなくなる。

ウィトゲンシュタイン＝クリプキによれば、①はダメだが、

「『38＋43』に『81』と答えないならば、Xは加法の規則に従っているとは見なされない」②

と言うことなら許される。が、ここでまた人は躓くだろう。①と②は論理学で言う対偶の関係にあり、同じ意味だ。①が否定されれば、②も退けられるはずではないか。

が、そうではない。②の言明には、①と違って、Xに「それは誤りだ」と言う他者Y、Xの行為を承認したり、否認したりする他者Yが存在していることが暗示されている。『哲学探究』が最終的に目指している論点がここにある。**人間存在の本源的な社会性**、これである。

＊Ludwig Wittgenstein（1889〜1951）。オーストリア出身で後にイギリス籍を取得。哲学者

＊『ウィトゲンシュタイン全集8』藤本隆志訳、大修館書店

『教行信証』（1224年）

親鸞

悩み考え抜いて至った逆説

鎌倉時代初期の僧・親鸞《しんらん》は、浄土真宗の開祖である。『教行信証《きょうぎょうしんしょう》』は、その親鸞の主著だ。が、ほとんどが経典などからの引用で成っているので、現代人は、これで親鸞の著作なのか、と思ってしまう。

しかし引用を重ねながら、紛れもなく親鸞本人が考えに考え、悩みに悩んでいる。何についてて？　私の考えでは、最も重要な主題は、「信（じること）」の困難と逆説である。

まず、親鸞の師、法然《ほうねん》の思想から始めないと理解できない。

法然が仏教的に基礎づけようとしていたのは、普遍的救済ということである。阿弥陀如来《あみだにょらい》によって、すべての人が完全に平等に極楽浄土へと往生することが許されているはずである。特別な修行を積むことができた人や裕福な人だけが救済されるわけではない。

キリスト教と対比してみると、このことの意味がよくわかる。

ユダヤ教は、ユダヤ人だけを神によって選ばれた民だとしているわけだが、キリスト教はこれを批判し、誰もが救いの対象となりうるとした。ユダヤ人もギリシャ人も、奴隷も自由人も、男も女も……救われうる、と。

だからといって、実際にすべての人が救われるわけではない。救われるべく神に選ばれるのは――つまり神の国に迎え入れられるのは――、一部の人だけである。

法然は、もちろんキリスト教を知っていたわけではないが、彼が克服しようとしたのは、この種の救済の普遍主義の「矛盾」である。誰もが実際に救われなくてはならない。とはいえ、救済されるためには人は、少なくとも信じなくてはならない。それが最小の条件である。

阿弥陀の力（他力）を信じ、浄土に生まれたいという心を起こしたことを示す行為が必要だ。その行為は誰にでもできる易しいものでなくてはならない。難しかったり、金がかかることだったりすると結局、一部のエリートしか救われないことになるからだ。

ここから、法然の「念仏一行の選択《せんちゃく》」という思想が出てくる。

南無阿弥陀仏と唱えれば、誰もが救われる、と。**だが考えてみると、信ずることこそ、最も難しいことではないか。これが、親鸞がぶつかった問題である。**

『歎異抄』の中で、親鸞は、弟子の唯円に答えるかたちで、念仏すれば極楽往生が確実ならば、それだけで歓びの感情が湧き起こるはずなのに、いくら念仏を唱えてもそんな気持ちにはならない、と告白している。

ということは、親鸞自身さえも、自分がほんとうに信じているのか、信じることができているのか、確信をもてないということだ。

ここから極限の問いが出てくる。**仏の教えを信じることができない悪人、いつまでも懐疑を消しえない悪人でも救われるのか。**

たとえば、父王を殺した阿闍世王《あじゃせ》でも、さらにその殺人を唆《そそのか》した提婆達多《だいばだった》でも救われるのか。

『教行信証』には、『涅槃経』からの引用が多い。『涅槃経』に、阿闍世王と提婆達多のエピソードが詳しく書かれているからである。もし彼らでも救われるならば、信じていなくても信じているのとほとんど同じ、というふしぎな逆説を認めたことになる。

はっきりそう断じているわけではないが、親鸞は、この極限の逆説のすぐ近くにまで来ていると私は解釈している。

別の言い方をすれば、親鸞は、「信ずる」ということに関して、まったく新しい見方を提起しようとしているのだ。

先ほど述べたように、念仏を唱えれば救済が確実ならば、本来は、自然と歓びが湧いてくるはずだ。極楽浄土で楽しくなるのではない。この世においてすでに、踊りたくなるほどの歓びが自然と湧いてくるのである。

つまり**信仰は楽しい**のだ。『教行信証』の「信巻」の中心概念は、「信楽《しんぎょう》」である。

親鸞は、往相回向《おうそうえこう》だけではなく、還相回向《げんそうえこう》を重視する。

このことと、「信楽」（この世においてすでに楽しいことにこそ信の本質がある）とは相関している、と私は解釈している。

回向とは、自分が蓄積した功徳の効用を他者に差し向けることである。

親鸞の場合、回向は、如来（最高の状態にある人、つまり仏）から人間へと向かう。往相は、浄土に行くこと、浄土に往生することだが、還相は逆向きである。阿弥陀の本願力によって、人は菩薩として浄土からこの世に戻ってきて、今度は他の人々の救済の活動に従事したくなるはずだ、というのだ。

なぜか？

信＝楽の状態を実現するためである。この世においてすでにすべての人が楽しく幸福ならば、それゆえ悪人であった人でさえもこの世において救済され、幸福になりうるならば、それこそが、ある意味で誰もが（自分の主観的な意識とは別に客観的には）信じており、普遍的な救済が実現しているということになる。

＊しんらん（1173～1262）。僧
＊『教行信証』金子大栄校訂、岩波文庫

『アンコール』（1975年）
ジャック・ラカン
独創的語りの精神分析学

精神分析という学問は、フロイトによって創造された。しかしエディプスコンプレックスの理論をはじめ、フロイトが言ったことは、どこか素朴なおとぎ話のようなところがある。今日の私たちの観点からは、十分に「科学的」には感じられない。

にもかかわらず精神分析が今日でも人間や社会についての理論の最前線で意味をもつのは、ジャック・ラカンがフロイト説を洗練させ、発展させたからである。

では、ラカンはフロイトをわかりやすく解説しているのか、といえば、そんなことはない。逆である。ラカンが語っていることには、秘教的な難解さがある。書いたものは少なく、ラカンの著作として出されているものの多くはセミナーの記録である。ここで取り上げる『アンコール』も、1972－73年度のセミナーでラカンが講義したことである。

本書は大部な本ではないが、ラカンの独創的なアイデアをぎっしりと詰め込んでいる。

中でも特に重要な主題は「性別」である。精神分析を哲学から分かつ最も重要な特徴は、性別への注目にある。哲学者が「主体」について語るとき、その主体には性がない。それに対して、精神分析は、(生物学的にではなく心理的に)性別化されることが、人間が一個の主体となるための条件となっていると見る。

本書でラカンは「性別の公式」なるものを提起している。だがこれが、二個ずつの二組の数式のようなものからできていて、一見しただけでは、さっぱりわからない。数式のようなものは、述語論理の論理式なのだが、普通の言葉に翻訳して紹介しよう。

男性の公式(M)

すべてはPである。①

Pではないものが(少なくともひとつ)ある。②

女性の公式(F)

すべてがPである、というわけではない。③

Pではないものは存在しない。④

今、「男性」「女性」ということはとりあえず忘れて、それぞれの組を見てみよう。M側の①と②は、互いに否定し合う関係にある。つまり矛盾している。二律背反《アンチノミー》の関係にある、と言ってもよい。F側の③と④もまた、二律背反の関係にある。

Mは矛盾しているのだから、①と②がともに満たされるということはありえない。①が成り立つなら、②は成り立たないし、②が正しいのなら、①の方が否定される。Fの方も矛盾しているのだから、③と④がともに満たされるということはありえない。……と言いたくなるところだが、そうではないのだ。

まず留意すべきことは、Mの組もFの組も、「すべて」、つまり「普遍性」に言及している、ということである。**それぞれの組は、「すべて」とか「普遍性」とかを語るときに遭遇する二種類の二律背反に対応しているのだ**。説明しよう。

まずMの側。「すべて……」というかたちで普遍的な集合や領域を確定しようとすると（①）、その普遍性から逃れる例外が前提になってしまう（②）。たとえば全宇宙の始まりを考えると、宇宙の創造者である神を想定せざるをえなくなる、といった具合に。別の言い方をすれば、例外を設定したからこそ、普遍的な領域（「始まりと終わりのある宇宙の全体」等）について積極的に語ることができるのである。

Fの側については、あなたが強烈に愛している「それ」や「あの人」について語る、という状況を思うとよい。あなたは、言葉を尽くしてその魅力を語るが、いくら語ってもまだ足りない、と感じるだろう。つまり十分に語り尽くしているのに、どこまで行っても「すべてではない」③という感覚が消えない。では何が足りないのかと問われるが、それを言えるならば苦労はしない。「すべてではない」のに、そのすべての外の何かが「何」であるかをはっきり言うことはできず、それは存在しないかのごとくである④。

ラカンによると、前者の二律背反が男に、後者が女に対応している。なんでそうなるの?と思うだろうが、それは本書を読んで考えてほしい。

ただ、ラカンがどんな考えに反対しているか、だけは書いておこう。**男と女が、「陰と陽」とか「鍵と鍵穴」のように相補的で、両者が一緒になると調和的な全体になるという見方、このような見方にラカンは、全力で反対している。**

Mの側もFの側もそれぞれ内的に矛盾していた。矛盾しているということは、（安定的な）同一性《アイデンティティ》をもたない、ということである。その上で、MとFの対立は、二種類の矛盾の対立である。つまり「MとF」という全体は、同一性・統一性から二重に隔てられているのだ。

男性も女性も安定したアイデンティティではなく、それらを一緒にしても調和的な全体に到達するわけでもない。……このように考えると、LGBTQ+といった性的アイデンティティの多様性・流動性・不安定性についての今日的な主張とラカンの理論が、意外に近いところにあることがわかる。

最後にラカンの最も大事な洞察だけ記しておく。**言葉を話す存在であるということ、そこに、人間が性別に執着する究極の原因がある。**

＊Jacques Lacan（1901〜81）。フランスの精神分析家

＊『アンコール』藤田博史・片山文保訳、講談社選書メチエ

『大嘗祭の本義』（1930年）

折口信夫

想像力が支える天皇への洞察

大嘗祭《だいじょうさい》は、天皇の代替わりごとに行われる祭儀だ。天皇が即位した年の冬（11月）に執り行われ、かつては即位礼そのものと一体だった。皇室にとって最重要の祭事である。「折口学」と呼ばれた独自の民俗学を展開した折口信夫が、大嘗祭の起源に遡ることを通じて、天皇とは何かを語ったのが『大嘗祭の本義』である。昭和の大嘗祭の少し前に――つまり昭和3年に――行われた講演だ。

この講演もそうだが、折口の論考では常に、文献等によって確実に実証できる範囲を超えた創造的想像力が発揮されている。これを批判する学者もいるが、実証に縛られていては得られない洞察がある。

折口によれば、大嘗祭の中心的な意義は、新天皇の身体に「天皇霊」をつけることにある。天皇霊は、外来魂――あるいは（折口のいつもの用語を使えば）天つ国からの外来神《まれびと》のエッセンス――である。つまり天皇の身体は「魂の容れ物」だ。これは、驚くべき見解である。なぜなら、**折口によれば、天皇の権威の源泉は、万世一系の天皇家の祖霊にあるわけではなく（つまり公式のイデオロギーとは異なり）、天皇が即位したときに――実は古代においては毎年繰り返し――おのれの身体に入れた天皇霊にある**、ということになるからだ。

大嘗祭で新天皇はまず、天皇霊を付着させるために、「真床襲衾《まどこおふすま》」等と呼ばれる特別な衣で身を包む。寝具でもあるそれらの衣は、天皇がこもる悠紀殿・主基殿に用意されてある。衣をとることが禊《みそぎ》の完了を意味していた。真床襲衾を除《の》けることで天皇霊がつくのだ。天皇霊を帯びた後、天皇は、高御座《たかみくら》から言葉を発する。それが祝詞《のりと》である。天皇霊を付着させている以上は、祝詞は、神の言葉の反復である。したがって、天皇は、神の聖なる言葉（ミコト）をもつ者、ミコトモチとされる。普通は「ミコトモチ」は天皇の言葉の伝達者を指しているのだが、それ以前に天皇がすでに神の言葉の伝達者だったのだ。祝詞が届く範囲が、天皇の領土、天皇の人民である。

天皇の発する祝詞に応えて群臣は寿詞《よごと》を唱える。寿詞は、自身の魂を天皇に贈与することを意味しており、服従の誓いである。天皇は、群臣が捧げた魂を自らの身の中にもつことになる。諸国が米を献上することも寿詞と同じ意味をもっていた。稲穂はそれぞれの国の神であり、そこには魂がついているとされていたからである。

以上が大嘗祭の大筋だが、興味深い細部がある。天皇の禊に奉仕する女性がいた。「水の女」と呼ばれる。衣のまま湯（＝斎《ゆ》）——常世から流れ来たとされる湯——につかった天皇の衣の紐を解くのが、水の女である。

この「天皇のすぐ近くにいる女」というテーマを、さらに圧倒的に敷衍《ふえん》したのが、敗戦の翌年、つまり昭和21年10月に発表した「女帝考」である。この中で、折口は、「中皇命」という、万葉集にその歌が収められている女性について論じている。「中皇命」は「ナカツスメラミコト」と訓《よ》む。折口によれば、それは、天皇《すめらみこと》と「何かほか」との中間にいる人という意味だ。「何かほか」とは何か。

一方に、随意に自分の意志を示す神がいて、他方に、人間である天皇がいる。折口の考えでは、中皇命は、両者を仲介する聖者である。要するに、中皇命は、神の聖語を伝える媒介者である。

ところで、**大嘗祭のハイライトは、天皇が高御座に立って祝詞（神の言葉）を発することであった。つまり、天皇の本質は「みこともち」（神の言葉の伝達者）にある。**「すめらみこと（天皇）」の「みこと」は、「御《み》言執《ことも》ち」の略である（「すめら」は最高・最貴の意味）。

折口の推測の通りだとすると、神と天皇の間に入って神の言葉を伝える中皇命は、「みこともち」の中の「みこともち」、純化された「みこともち」だということになるだろう。そうだとすると、**中皇命こそ、天皇の天皇たる所以を純粋に体現していることになる**。実際、「女帝考」の中で、折口は、もし男の天皇と女帝（中皇命）のどちらかをとらなくてはならないのだとすれば、後者をとるべきだ、ということまで暗示している。

今、私たちは、女の天皇を認めるべきかどうか、ということを議論している。そして、天皇は男系が基本であり、女系は許されない、などと主張する人もいる。だが、折口から見れば、これらの議論は、まったく転倒しているということになるだろう。そもそも、天皇の秘められた根源には、むしろ女性的なものがあったというのが、折口の見解だからだ。

＊おりくち・しのぶ（1887〜1953）。国文学者・民俗学者。釈迢空の名で歌人・詩人

＊『古代研究Ⅱ　祝詞の発生』中公クラシックス

『意味の論理学』（1969年）

ジル・ドゥルーズ

哲学の原点を転覆する試み

ジル・ドゥルーズは、20世紀後半のフランスの哲学者である。「ポスト構造主義」と呼ばれる潮流の代表者の一人だ。1969年に刊行された『意味の論理学』は、34の「章」（セリーと呼ばれている）から成り、ルイス・キャロルの『不思議の国のアリス』を論じたり、ストア派と呼ばれる古代哲学を解釈したり、と次々と話題を転じていくので、ポイントをつかむのは難しい。

ドゥルーズは、本書で何をしているのか。西洋哲学の原点にあるプラトンの二元論をひっくり返そうとしている、と考えるとよい。「イデア／現れ」という二元論を、である。

プラトンによると、真に実在するのは永遠のイデアであり、私たちが見たり感じたりしている現象は、つまり私たちに対して現れているものは、イデアのイミテーションに過ぎない。イデアとは、ものごとの本質、それが何であるかという「意味」である。

たとえばこの花が美しいのは「美」のイデアを分有しているからである。あなたが人間なのは、「人間」のイデアを分有しているからだ。これが机であるのは、「机」のイデアを分有しているからだ。

これに対して、**ドゥルーズは、意味（＝イデア）は、実際《アクチュアル》に実在している物がもたらす（ヴァーチャルな）効果である、とする。意味は、物のように、「現れ」と独立に実在しているわけではない。意味は、「現れ」とともに生起しているのであって、「物」よりもむしろ「出来事」に近い。**別の言い方をすれば、「イデア／現れ」という二元性それ自体が、「現れ」に内在している、ということになる。

と、このように抽象的に説明しても「?」と思うだけだろう。本書の論述から離れて、思い切った解説を試みてみよう。私が、ドゥルーズの言う「意味《サンス》」（英語のsense《センス》）の解説に最適だと思うのは、ピカソの絵である。中でも——あまり知られていない作品だが——、牡牛を描いた11枚の版画《リトグラフ》がよい。すべてに、横から見た（右向きの）牡牛が描かれている（口絵参照）。

この版画の連作は、一定の順序で見られるように意図されている。最初の方の版画には、具象的で写実的な牡牛が描かれているが、後の方に行くにしたがって、だんだんデフォルメされていく。最初の2枚はごく普通の写実的な絵のようだ。特に2枚目は細部まで描き込まれている。やがて筋肉などの特徴だけが誇張され、全体としては単純化されていく。中間の6枚目あたりの牡牛は、筋肉に対応する複数の平面を組み合わされて描写されていて、まるで板金でできた立体模型のようだ。後半の版画では、その板金の輪郭だけが、幾何学的な線として残る。最後の1枚には、ごくシンプルな針金細工のような線が描かれているだけだ。

この針金細工は、現実の牡牛には全然似ていない。それでも私たちは、「これぞ牡牛！」とすぐにわかる。ここには牡牛のイデア＝意味が抽出されているのだ。

私たちが牡牛を前にしたとき、実際に見ているものは1枚目の写実的な牡牛のような姿である。しかし、それを「牡牛」と把握するとき、牡牛の写実的な姿を通じて同時に、牡牛の牡牛たる所以――11枚目の版画のようなもの――が、つまり牡牛のイデア＝意味が、潜在的《ヴァーチャル》な次元にたち現れている、と考えなくてはならない。「意味」が現実の物（実際に見えている通りの牡牛）の効果としてある、というのはこういうことを指す。

最初の方の具象的で写実的な牡牛から、最後の単純で抽象的な幾何学図形のような牡牛までの動き、この動きが、11枚の中のどの個別の版画の中にも宿っている。冒頭の2枚のきわめて写実的な牡牛の版画にすでに、最後の針金細工のような版画へと向かう傾向が、ポテンシャルとして宿っているのだ。一つひとつの版画に、「具象的な現れ→抽象的なイデア」という運動が孕まれている。これが、現れ（一つずつの版画）に「イデア／現れ」という二元性が書き込まれている、ということの趣旨だ。

このように、**イデアは現れに内在している。「現れ」のことを、ドゥルーズは「表面」と呼んでいる。意味は表面に生起する。**あるいは端的に、意味は表面である、とも言われる。**表面としての意味《サンス》は、事物のように他から独立して存在する（英語で言えばexist）わけではなく、ただ現象の下に寄生するように存在する（英語ならsubsist）**。

つまり「意味」は、現に私たちが経験しているものに伴う影のようなものだ。ゆえに、そんなものは無に等しく、重要ではない……とドゥルーズは言いたいわけではない。まったく逆である。私たちにとって、その影こそがすべてであり、私たちはそのために人生を捧げている、と言っても過言ではない。

＊Gilles Deleuze（1925～95）。フランスの哲学者

＊『意味の論理学』小泉義之訳、河出文庫上下

『君主論』（1532年）
マキャヴェッリ

恐ろしいほど厳しい責任を説く

ニコロ・マキャヴェッリが『君主論』を完成させたのは、16世紀の初め——1513年か14年——である（ただし刊行されたのは、マキャヴェッリの死から5年が経過した1532年である）。

マキャヴェッリという名も、そして本書の名も、非常によく知られている。ただし、ポジティヴな意味で有名なわけではない。マキャヴェッリと『君主論』についての一般の評判はあまりよくない。『君主論』には、政治的支配のためならばどんな悪徳も許される、という趣旨のことが書かれていると解されているからだ。

「あの政治家はマキャヴェリストだ」というのは、権謀術数を弄する冷酷な政治家という悪口である。決して、政治家をたたえるために「マキャヴェリストだ」とは言われない。

実際、『君主論』には次のようなことが書かれている。君主は、気前よくふるまうよりケチであるべきだ。憐れみ深くあるより残酷であれ。君主は信義（約束）を気にかける必要はない、とさえ書かれている。とうてい、よき政治家についての指南とは思えない。君主はライオンであるだけではなく、狐（奸智《かんち》に長けた者）であるべきだ、というのが本書で最もよく知られた比喩である。

だが、こうした提案は、具体的なケースを前提にした助言であることに留意しなくてはならない。とりわけ君主が、自分が世襲の権利をもたない国をあらたに支配するときにはどうするのがよいのか、といった助言である。ゆえに、これらの提案を、具体的な状況を無視して、統治の技術として一般化しても意味がない。

もともと本書は、フィレンツェ共和国で外交官として手腕を発揮していたマキャヴェッリが、いったん失職した後、新支配者であるメディチ家の当主（ウルビーノ公ロレンツォ）に、政治顧問として自分を売り込むことを目的として書かれたものである。

本書の意義は、細々とした提案の背後にある基本的な構えがどこにあるかを理解することで、初めてわかってくる。本書の最も重要な概念は「力量《ヴィルトゥ》」。主に軍事力と関係づけられて論じられているので、「そういうことか」と思いそうになるが、ポイントは軍事力にあるわけではない。

ではどういう意味なのか。

まず力量《ヴィルトゥ》の対立物は「運《フォルトゥーナ》」であることを理解するとよい。運は、神への信仰をもつ者にとっては、ただの偶然ではない。運は——信仰を前提にしたときには——「(神の)摂理」である。「力量」は、このような意味での「運」の対極にある。

つまり、こういうことだ。今や政治の成否を神意に委ねることができないのだとすれば、どうなるだろうか。神の摂理をあてにして、政治を行ってはならないとすればどうなるだろうか。人間にすべての責任がかかってくる。このとき、支配者に求められる資質こそが、その総合的な力量《ヴィルトゥ》である。

この考えを、本書を超えて延長させていくと、私の考えでは、政治家や支配者の役割の——他の仕事には絶対にない——例外性という見方が導かれる。

本来だったら神だけがなしえたこと、つまりひとつの国家や共同体の安全な存続に対して支配者は責任を負わなくてはならない。それゆえ支配者は、不運にもことがうまくいかなかったとき、他の職業では許される言い訳を吐く権利を完全に放棄した者である。支配者は、「私はそんなつもりではなかったんだ」と言ってはならないのだ。

『君主論』は、君主に都合のよい奸計《かんけい》を教えているのではなく、その恐ろしいほど厳しい

責任をこそ説いているのである。一見、徳に反するように見える助言も、支配者が担わなくてはならない例外的で、本来は人間には負いきれないほどの「不可能な責任」を前提にして解釈しなくてはならない。

マキャヴェッリに、近代の市民社会を可能にした思想の原点を見たのは、イギリスの政治思想史研究家、J・G・A・ポーコックである。ポーコックは、1975年に発表した大著『マキァヴェリアン・モーメント』で、マキャヴェッリ（とその同時代）の政治思想が、土地の私的所有をベースにした個人主義などの要素を加えられた上で、17世紀イギリスの市民革命や18世紀のアメリカ独立革命の指導者に、「共和主義」として継承されていった、と論じた。

*Niccolò Machiavelli（1469〜1527）。イタリアの政治思想家・外交官

*『君主論』池田廉訳、中公文庫／河島英昭訳、岩波文庫／佐々木毅全訳注、講談社学術文庫／森川辰文訳、光文社古典新訳文庫／『新版 君主論』大岩誠訳、角川ソフィア文庫

『野生の思考』（1962年）

C・レヴィ＝ストロース

西洋の「文明人」の自己批判

『野生の思考』は、西洋の自民族中心主義に対する自己批判の書である。私たちは、科学を生み出した西洋の知が最も進んでいて、他は遅れた未熟な思考だと考えがちだ。しかし本書でレヴィ＝ストロースは、「未開人」の呪術的思考（具体の論理）は洗練された知的操作を含んでおり、「文明人」もまた日常の思考や芸術的活動では、同じ「野生の思考」に依拠しているということを証明してみせた。

野生の思考は「日曜大工《ブリコラージュ》」に喩えられている。素人は日曜大工で、ありあわせの道具と材料を使いそれなりの物を作る。これと似て、たとえばトーテミズムと呼ばれてきたものは、目の前の自然種を（隠喩や換喩によって）社会集団に対応づけながら、自然と人間とを同時に分類する知的操作になっている。

野生の思考は、分類のための分析理性だけではなく、弁証法的理性も備えている。弁証

法的理性とはこの場合、自然の全体性を自然と文化に分割したことから生ずる矛盾をどう解決するか、ということへの答えである。本書によれば、神話や儀礼はまさにその答えだ。これは、未開社会は弁証法的理性をもたない、としたサルトルへの批判だ。20世紀中盤に世界の思想界に君臨していたサルトルは、1962年に出版された本書によってその地位から引き摺り下ろされた。

本書の中の「再び見出された時」というプルーストを意識したタイトルをもつ章の中で、「冷い社会／熱い社会」という二項対立が提案される。これは、トーテムの分類体系に代表されるような神話的な「構造」と出来事が次々と生起する「歴史」との関係がどのようになっているかに眼を着けた社会の分類で、野生の思考が冷い社会に、「近代」につながっている「文明」の思考が熱い社会に、それぞれ対応している。

冷い社会とはどういうことか。たとえばオーストラリア中部の先住民の社会では、一人ひとりが、「チューリンガ」という（石や木の）楕円形の物体を与えられ、人目につかない岩陰などに隠しもっている。チューリンガは、それぞれある一人の先祖の肉体を表していて、その所有者は、その先祖の生まれ変わりであるとされているのだ。チューリンガは、それぞれの個人が、自分が何ものであるかを確認するよすがであり、人々は、チューリンガがあることで、自分が今まさに遠い祖先と一緒にいることを確証する。

冷い社会がどのような社会なのか、そのイメージがこの事例からわかる。あるトーテム動物が「われわれ」の祖先であると神話が語ると、私たちは、その神話を組み込む世界は、はるかな過去の終わったことであり、そこから現在の「われわれ」の生に向かって歴史的な時間が流れてきた、と考える。しかし、そうではないのだ。トーテムの体系は、超時間的・無時間的な枠組（構造）として、「われわれ」の現在と共存しているのである。いわば、神話的な「過去」が現在しているのだ。

冷い社会では、この現在する神話的な過去を基準にして、歴史の中で生起する出来事の意味が解釈される。つまり、現在する過去である「構造」が、私たちの現在に意味を与える確たる基盤となっているのだ。すべての過去を、決して帰ってはこないものとして打ち捨てていく熱い社会とは、まったく異なる時間の感覚が、野生の思考においては活きていることがわかる。

野生の思考を駆り立てている、鍵となる要素は何であろうか。それは「記号」である。自然の具体物は記号のように見えている。このように洞察する際、本書では、「記号」と「概念」が対比されている。一義的に定義される抽象的な概念と違って、記号の意味はあいまいで揺らぎがある。
ということは、自然物は、自分が何であるかを自分では決定できない無力さをさらけ出しているように見えるということだ。**自然物は、私を規定してくださいと訴えかけている。野生の思考はその訴えに応えている。科学的思考は自然を飼いならし、征服しようとする。科学的思考に劣らず合理的な野生の思考は自然の脆弱さを受け入れることで、自然と共存する。**

レヴィ＝ストロースは本書で、野生の思考は、「近代人」の日常の思考や芸術的な思考の中でなお活用されている、と論じた。その通りだと思う。これにさらに、私は付け加えたい。野生の思考の対極であるとされた科学的思考においてさえも、その最先端において、野生の思考に類するものが回帰してきている、と。たとえば、量子力学。量子力学が見出したものは——そしてその逆説を前にしてとまどっているものは、私の考えでは、ここで述べたような意味での「記号」に類する存在である。宇宙は、ある意味で本質的に未完成で、「記号」に満ちている、ということを量子力学は発見したのだ。

＊Claude Lévi-Strauss（1908～2009）。フランスの人類学者
＊『野生の思考』大橋保夫訳、みすず書房

『社会的選択と個人的評価』（1951年）

ケネス・J・アロー

民主主義の不可能性超えて

今日、民主主義に反対する人はほとんどいない。あの国の政治は民主的ではない、と言われたら、まったくダメと言われているに等しい。が同時に、さまざまな意味で、民主主義が危機を迎えているとも言われている。たとえば、世界で一番民主主義が得意だとされている国アメリカでさえも、二大政党の支持者の間の分断が大きすぎて、民主主義がうまく機能していないように見える。

民主主義は、人民の支配を意味している。支配するものと支配されるものが同一である。だが、ここでひとつの問題が生ずる。「人民」は個人の集合なので、単一の意思をもたない。人民の支配を実現するためには、人民を構成する多数の個人の意思を集約して、ひとつの意思を導き出さなくてはならない。そのために、投票・選挙という方法が使われる。選挙の結果が出ると、私たちは「民意が示された」と言って、それを絶対視する。が、その「民意」なるものに納得がいかない場合も多い。自分が正しいと思っている意見と違って納得できないときもあるが、それだけではない。「ほんとうにそれがみんなの意見なのか、みんなの意見を代表しているのか」に関して疑問を感じることもある。

前世紀のちょうど中頃1951年に初版が出版された、ケネス・J・アローの『社会的選択と個人的評価』は、投票結果をめぐるこの種の不信に、それなりの合理的根拠があることを証明してみせた。つまり、本書は、まことに驚くべき内容をもっているのだ。**民主主義なるものは不可能だ。すなおに解釈すれば、このような意味をもつことを、数学的に証明しているのが本書である。**

思想史的な事実を付け加えておくと、フランス革命にも関わった18世紀の啓蒙思想家で数学者だったコンドルセが、投票にはときに奇妙なパラドクスが生じることを、証明していた。つまりちゃんとした投票なのに、その結果が、どう考えても「みんなの意見」とは見なしえないものになることがある、ということをコンドルセは証明した。アローの定理は、このコンドルセが見出したことの一般化である。

まず、民主主義が前提としている設定を考えてみよう。それぞれの個人に、何が好ましいかということについての考えがある。それは、選択肢となる複数のことがらに関する、好ましさの順序というかたちをとっていると(「私は、BよりもAを、CよりもBをより好ましいと思う」等)。何がよりよく、何がより悪いと判断するかは、それぞれの個人の自由である。始めから、「共産党以外の政党を支持してはならない」「日米安保条約に反対してはならない」等の制約があると、十分に民主的ではない、と見なされる。

好ましさについての判断は人それぞれで、多様である。しかし、政治的な行動を起こすには、投票したりして、皆のバラバラの判断を集約し、ひとつの社会的決定を導き出さなくてはならない。その集約の仕方が民主的だと見なされるためには、少なくとも三つの条件を満たさなくてはならない。

第一に、全員が一致して、AはBより好ましいと思っているときには、社会的決定でも、その通りにならないといけない。国民全員が戦争に反対しているのに、戦争を始める国は、民主的ではない。

第二に、AとBのどちらがよいかという決定に関して、これらとは別の選択肢Cに対する人々の好みが影響を与えてはならない。この条件はややテクニカルなものなのだが、しかし、当然といえば当然のことであろう。

第三に、独裁者が存在してはならない。ここで独裁者とは、その人の好き嫌いがそのまま社会的決定になるような特定の個人のことだ。独裁者がAがよいと言ったら、誰がなんと言おうとAで決まり。そんな独裁者がいれば、もちろん民主的ではない。

三つのどれも民主主義であるためには絶対に外せない条件に思える。しかし、アローは、投票者の側に選択肢が三つ以上ある場合には、これら三つの条件をすべて満たす、（人々の意思決定の）集約の仕方は存在しない、ということを証明した。前の二つの条件を前提にすると、必然的に独裁者が出てくる、と。

本書は、社会的選択理論という学問分野では基本文献だ。学問は発達し、数学的にも洗練されてきている。しかし本書を、専門家の知的ゲームの中に閉じ込めてはならない。

本書の破壊的な結論を知った後でも私たちは民主主義を擁護すべきか。多分すべきである。だが、そのためには三条件のどれかを捨てるか（どれをどう捨てるのか、それでも民主主義はよいのか）、あるいはアローとは別の設定の民主主義を考えなくてはならない（それはどんな民主主義なのか）。本書を通過していない、民主主義についてのどんな主張も虚しい。

＊Kenneth J.Arrow（1921～2017）。アメリカの経済学者

＊『社会的選択と個人的評価』長名寛明訳、勁草書房

『精神現象学』（1807年）ヘーゲル

基本的な着想は「序文」にある

19世紀が始まって間もない1807年に刊行されたヘーゲルの『精神現象学』は、精神の発展の大パノラマのような驚異の書物である。ヘーゲルは、直接の「感覚」から始まって、「知覚」「悟性」「自己意識」「理性」「精神」「宗教」を経て「絶対知」に至る意識の全成長過程を、目がくらむほど多彩な話題を繰り出しながら論じ尽くす。

まず、本書の中で最も有名で、頻繁に引用され、さまざまに解釈され、多くの論争を呼んできた箇所を紹介しておこう。それは、「自己意識」の章にある「主人と奴隷の弁証法」である。自己意識としての「私」は、対象や他者を意のままにしたい。そして、自らが抱いている自分についてのイメージと現実の「私」とが合致することを求めている。が、同じことを、もうひとつの自己意識である「他者」も望んでいる。両者の望みは両立しない。どちらも相手を自分の欲望の実現を阻む邪魔者として否定しようとしているのだから、相手を「承認」することができない。

かくして、二つの自己意識の間で、「承認」をめぐる命がけの闘争が生ずる。結局、死を恐れた方が敗れ、相手の奴隷となる。勝者である主人は自立した意識であり、奴隷は非自立的な意識となる。が、これで終わらない。その先があるのだ。

よく見れば、自立しているはずの主人こそ、奴隷の労働のおかげで生きている。主人の側は、奴隷の労働なしには衣食住もままならない。また奴隷は、主人の命令に従い、主人に奉仕することを通じて、自らを制御することを学ぶが、主人はそうではない。こうして主人の方が依存的で、真に自立しているのは奴隷の方だという逆転が生ずる。これが「主人と奴隷の弁証法」と呼ばれるダイナミズムである。

今、『精神現象学』の中で最も広く知られている箇所だけ紹介したわけだが、この大著の全体を導いている基本的な着想は何であろうか。それは、序文の中の、ある宣言に読み取ることができる。「序文」だが、ヘーゲルは、ここを最後に書いたことがわかっている(実は、この本は、「序文」のほかに「序論」があるという変な構成になっている)。

序文に何とあるのか。

「真なるものを実体としてではなく、同様に主体として把握する」

「実体」とは不変の真の実在のことで、「神」のことだと思えばよい。その実体が「主体」でもあるというところにヘーゲルの独創がある。

実体が主体である、とはどういうことか。もとにあるイメージは、キリスト教の神の「受肉」である。受肉とは、神（実体）がキリストという人間（主体）になることだ。

本書の中に、実体＝主体という論理が繰り返し登場する。

たとえば、当時流行した骨相学《こっそう》を逆手にとって「精神は骨である」という命題が出てくる。「骨」の部分を「脳」に置き換えれば、現代にも通じる命題になる（「心は脳である」）。この命題は、「神は人間である」という受肉の原理の変形版である。

ヘーゲルは、精神とは、しょせん骨や脳のような事物に過ぎない、と言っているのではない。精神のような高貴なものが、ちんけな事物と等しいとされたときに覚える圧倒的な不調和感をもたらすことが狙いだ。この不調和感は、「あの惨めな男が神だって！」という驚きに通ずる。

キリストが十字架の上で死んだとき、神が別のどこかにいたわけではない。ほかならぬ神が死んだのだ。実体が主体である、というヘーゲルの命題の重心は、この点にある。

ときどき、ヘーゲルの哲学はキリスト教を擁護するものだとか、キリスト教を論理化したものだとか、言われることがあるが、そうではない。むしろ正反対である。

確かに、実体＝主体の論理のイメージの原点は、神の「受肉」にあるが、この論理のポイントはキリストが（後で）復活したことにあるのではなく、（十字架上で）死んだことの方にある。

キリスト教のイメージから出発しているが、キリスト教は脱構築されているのである。

するとどうなるのか。

キリストというあの人間は、神（実体）の現れである。ところで、彼と独立には神はいない。そうだとすれば、あの人間はいわば自己分裂して、自分がそれの現れとなるところの実体（神）を生み出していることになる。

このふしぎな仕組みをヘーゲルは「主体」と呼んだ。ヘーゲルの直観では、たとえば精神と物との間の関係も、同じ論理で説明できる、ということになる。

＊Georg Wilhelm Friedrich Hegel（1770〜1831）。ドイツの哲学者

＊『精神現象学』熊野純彦訳、ちくま学芸文庫上下

『政治的なるものの概念』（1927、1932年）

カール・シュミット

近代の逆説直視「敵か友か」

「政治に固有な区別は、敵、友（清水幾太郎訳では『味方』）という区別にある」

これは、ドイツの政治学者・法学者カール・シュミットの『政治的なるものの概念』の、有名な中心命題である。本書は、まず1927年にベルサイユ体制（第一次大戦後の国際秩序）への批判の意味もこめて発表され、1932年に大幅に改訂された上であらためて出版された。1932年は、ヒトラーがドイツの首相に就く前年にあたる。

シュミットによれば、**政治の最も重要な任務は誰が友で誰が敵かを決定することにある。敵とは、ときには物理的手段を用いて殺害する可能性もある他者のことなので、この政治概念には不穏な含みがある。**この概念から普通に連想されるのは、権威ある君主や凶暴な主人が臣下に「敵を倒せ！」等と命令している姿であろう。そのため、シュミットの政治観は前近代的で保守的、いや反動的なものだと思いたくなる。しかしそうではない。

まったく逆に、この政治概念は、近代性という条件を律儀に純粋に受け取ったときにこそ導かれるアイデアである。近代性とは、誰もが受け入れているような、具体的な内容をもった普遍的な価値や善は存在しない、ということだ。全員にとって自明なものと見なされている伝統的な善の観念や宗教的な規範はない。だから普遍的な善や正義が存在しているかのように仮定し、それらによって政治行動や戦争を正当化することは許されない。

では、近代の条件のもとで、政治はどうすべきなのか。暴力的とも見える仕方で、秩序を押しつけるほかない。それこそが、友と敵の区別である。「この命令を受け入れる者が友である」とする決然たる意志が必要だ。

シュミットが別の著書（1922年出版の『政治神学』）で提起した、もうひとつのよく知られたテーゼ「主権者とは、例外状態に関して決断を下す者である」も、同じような論理から出てくる命題である。例外状態とは、具体的には戦争や恐慌などがあって、すべての法がその効力を停止した状況である。このとき、普段は「覆い」のような役割を果たしていた法――暫定的な「根拠」によってのみ通用していた法――が停止して、近代の近代たる所以が直接に露呈する。

例外状態はだから、その名に反して、近代そのものの基礎にある一般的条件がその姿を現したときである。シュミットは、ほんとうの政治は、例外状態においてこそ復権すると考えた。

政治は「敵／友」の区別を与えることであると主張するとき、シュミットが**反対しているのは、中立的な枠組さえ与えておけば話し合いによって秩序が生まれるとか、あるいは個人間の利害の調整や均衡だけで秩序が得られるとか、といった発想だ。**シュミットと同世代の学者としては、たとえば純粋法学を唱えたハンス・ケルゼンが、シュミットの後の世代の学者としては、正義論を提起したジョン・ロールズや「合理的な談話」の理論を唱えたユルゲン・ハーバーマスなどが、こうした発想で理論を構築している。

しかし、シュミットの考えでは、具体的な内実をもった普遍的価値が前提にできないとき、彼らの提案した方法では、具体的な秩序は導出できない。シュミットは、近代的な政治の危険な逆説を直視した。法の支配は暴力的なものにこそ依存している、と。シュミット自身、一時ナチスに近づくことによって、この危うさを身を以て示したかっこうだ。

ナチスが政権を掌握した後、シュミットはナチスに入党し、ヒトラーの独裁体制の法的根拠となる全権委任法に理論的な裏付けを与え、ヒトラーに重用された。途中からは政権から冷遇されたが、ナチスのユダヤ人虐殺は、シュミットの理論の、グロテスクで過剰な応用にも見える。シュミットは、敵を殲滅することには批判的だったので、ナチスの蛮行は、シュミットから見れば「やりすぎ」ではあるが、彼の理論が、こうした危険に隣接していることは確かだろう。

シュミットの同時代を生きた重要な哲学者の何人かが、政治の基礎にある非合法的な暴力に注目している。たとえばハイデガー。ハイデガーもナチスに加担した。しかし、そんな暴力を肯定するヤツはみんなファシストになるんだ、と思ったらまちがいである。ファシズムに対する最もラディカルな反対者であったヴァルター・ベンヤミンも、法の外部にある独特な暴力（「神的暴力」と名付けられた）を重視し、その意義を評価した。

結局、われわれは、シュミットが『政治的なるものの概念』で提示した基本的な論点を引き受けざるをえない。**いかに危険であっても、法の基礎にある暴力の逆説から逃れていては、政治そのものが不可能だ。**

＊Carl Schmitt（1888〜1985）。ドイツの政治学者・法学者

＊『政治の本質』清水幾太郎訳、中公文庫、M・ヴェーバーの論考とともに所収／『政治的なものの概念』権左武志訳、岩波文庫

『歴史の概念について』（1942年）

ヴァルター・ベンヤミン

過去の敗者を救う〈今の時〉

『暴力批判論』『複製技術時代の芸術』『ドイツ悲劇の根源』『パサージュ論』などの、啓示に満ちたいくつものテクストを残したマルクス主義の思想家ヴァルター・ベンヤミンは、今から80年あまり前の1940年9月、ナチスからの逃亡の途上、ピレネーの山中で自殺した。この逃避行にも携行した、彼の絶筆となった原稿が『歴史の概念について』である。

19個のテーゼから成る短いテクストである。この中で、これまで誰も聞いたことがないような、歴史と時間についてのとてもふしぎな見方が提起されている。冒頭の第一テーゼからして、まことに謎めいている。そこで、ベンヤミンは、誰と対戦しても必ず勝つチェスの自動人形の寓話から入る。この人形は、外からは見えないところに隠れている、チェスの名手である小男に操られている。ベンヤミンが理解するような意味での「史的唯物論」――ベンヤミンが提起しようとする新しい歴史の見方――は、このチェスを指す人形に喩えられる。

普通の歴史は、均質で空虚な時間を前提にしている。その空っぽの容器のような時間を、大量の事実で埋めていくのが歴史である。大量の事実は因果関係によって結びつけられ、物語のような叙述の中に並べられる。この意味で、歴史は常になめらかに連続している。

それに対して、ベンヤミンが提起しているのは、ごつごつとした不連続の歴史、不連続な粒《モナド》の集まりのような歴史である。ベンヤミンは、パウル・クレーの「新しい天使」という絵に触発されて「歴史の天使」というイメージを出す。大きく眼を見開き、驚いたように口を開けている歴史の天使は、顔を過去の方に向けているのだという。普通の人は、過去に、出来事の連鎖を見る。しかし歴史の天使は、その同じところに瓦礫の上に瓦礫が積み重なっているのを見る。

どういう意味か。**鍵は〈今の時〉という概念にある。ベンヤミンによると、歴史は〈今の時〉に充ちた時間である。**たとえばロベスピエール（フランス革命の英雄）にとっては、古代ローマの（帝政の中に飲み込まれて消滅した）共和政が今の時を孕む過去だと言われる。この〈今の時〉こそ、不連続な粒や歴史の天使が見る瓦礫にあたる。どうして、明らかに過去のことなのに、〈今の時〉と呼ばれるのか。

歴史というものは一般に、現在を「最後の審判」の法廷とする終末論の構成になっていることに気づくことが理解のポイントである。歴史は、今がどうしてこのようなのかを説明しようとする。すると、今のこのあり方を形成するのに貢献した出来事が、因果関係にそって並べられる。筋が通るように因果関係に即して叙述されるので、過去は必然的になめらかな連鎖になる。今を「最後の審判」とする歴史は、現在がまさにこのようであることに功績を残した者たちを、広義の勝者であると判定し、記録に留めることになる。

しかし、今この瞬間、歴史の連続性を断つような根本的に新しいことが起きた、あるいは起こされたとしたらどうか。たとえば、先ほど登場したロベスピエールは、まさにフランス革命の渦中にいたことを、つまりフランスの絶対王政を終わらせる不連続的な変化のただ中にいたことを思い起こそう。

根本的に新しいことが起きるということは、過去をそこから眺める「終末」が置き換わったことを意味する。つまり、過去を判定・判断する「最後の審判の視点」が別のものに変わったということである。すると、今の自分たちは、勝者になれなかった敗者——連続的な歴史の中では無視されていた失敗や願望——こそを継承していることに気づく。たとえばロベスピエールは、帝政への変動の中で挫折していった古代ローマの共和政の理想を、自分の先駆者として見出すことになる。このような「過去の敗者」が、〈今の時〉を孕む過去である。

チェスに必ず勝つ自動人形が、「史的唯物論」だとされたのは、ベンヤミンがまさに提起しようとしているその歴史の概念が、葬られていた敗者を救い出し、あらためて勝者と見なすことになるからである。自動人形を必勝に導いていた小男の名は「神学」である。〈今の時〉を見出す革命が、「最後の審判の視点」の置換でもあるからだ。

現在の革命は、過去の救済と連動している。現在の単純な延長とは異なる未来を拓くことは、ある意味で、過去を変えることである。これがベンヤミンの歴史の概念だ。

＊Walter Benjamin（1892〜1940）。ドイツの思想家
＊『[新訳・評注]歴史の概念について』鹿島徹訳・評注、未來社／『ボードレール 他五篇 ベンヤミンの仕事2』野村修編訳、岩波文庫／『ベンヤミン・コレクション1』浅井健二郎編訳、久保哲司訳、ちくま学芸文庫

『形而上学』（紀元前4世紀頃）

アリストテレス

事物の運動・変化に迫る

ルネサンス期イタリアの画家ラファエロが16世紀初頭に描いた、あの有名なフレスコ画、「アテネの学堂」のことを思い起こしてみよう。この絵の真ん中の圧倒的に目立つ位置には、議論しながら並んで歩く二人の人物が描かれている。向かって左側の人物、左手に一冊の本をもち、右手の人差し指を天に向けている人物がプラトン、向かって右側の人物、同じく左手に一冊の本をもち、右の手のひらを地面の方に向けている人物がアリストテレスだと言われている。この絵が示していることは、プラトンとアリストテレスの二人が、西洋の知の歴史の中で最も偉いということだ。

さて、『形而上学』は、二人のうちの一人、アリストテレスの最重要著作である。「形而上学《メタピュシカ》」という名はもともと、彼の講義録が編纂されたときに、physica（自然学的なもの）の著作群の後《メタ》に置かれたからつけられたものだ。しかし、やがて「自然学を超えた学」という意味になる。アリストテレス自身は、この学を「第一哲学」と称した。

形而上学とは何か。形而上学のテーマは、存在としての存在である。たとえば人間を動物として研究すれば生物学になる。たとえば人間を法的責任の主体として見れば法学になる。それに対して、**「……として」といった限定を抜きに、ただ存在として探究するのが形而上学である。「どうあるか」ということ以前に、ただ「ある」ということに驚きを覚える感受性。これが哲学を生んだ**。

アリストテレスの考え方の基本は、師プラトンと対比させるとわかりやすい。アリストテレスの哲学は、師の説への批判を含んでいるからである。プラトンにとっては、真に実在するのはイデアである。イデアとは事物の本質のことで、たとえば個々の人間は「人間」というイデアの影である。しかし、このように、実体がイデアだけだと考えると、困ったことになる。

イデアは、永遠不動の実体であり、私たちが感覚で捉える「この事物」「あの事物」からは遊離したところに存在している。イデアがこのようなものだとすれば、ここからは、事物の運動や変化が絶対に説明できない。事物は生成し、消滅する。また運動し、変化する。私たちが経験するこの最も顕著な事実を説明できないのだとすると、これはまずいだろう。

そこでアリストテレスは、事物は形相《エイドス》と質料《ヒュレー》の二面をもつとした。形相はイデアとほぼ同じ意味だが、これに加えて質料がある。質料は、事物を成り立たせている素材である。こうすることで、たとえば血肉を備えた個々の人間についても語りうるし、変化や生成についても説明するための手がかりも得られる。

アリストテレスは、感覚が捉える事物の具体性や運動・変化に対して敏感だ。プラトンは、見たり触れたりすることができないイデアだけを実体としたわけだが、アリストテレスの場合は、「この人間」「この犬」といった個物を第一実体として、類や種――これらが形相である――よりも優先させている。

事物は、もちろん、素材（質料）から生成する。これを質料因という。また、変化の方向は、そのものが本来何であるか（形相）に規定されている。これが形相因。これら二つの原因にさらに、何が始まりなのか（始動因）と、どんな終わりに向かおうとしているか（目的因）の二つの原因を加えたものが、四原因説である。

同じ素材（質料）から、さまざまなものが生成し、また造られる。同じ木材は、椅子にもなれば、柱にもなりうる。つまり、質料は、多様な形相を可能性として含んでいる。だから質料は「可能態《デュナミス》」として捉えることができる。それに対して、質料のうちに孕まれている特定の形相が実現されたときに現れる、そのあり方が「現実態《エネルゲイア》」である。可能態が現実態になることが変化だ。

アリストテレスの『形而上学』は、プラトンのイデア論の欠陥を補い、運動・変化に注目して、議論を展開する。しかし、この議論は、奇妙な逆説的な結果を伴っている。運動の究極の原因にまで遡ると、どうなるかを考えてみるとよい。

何かを動かすものが、何かによって動かされているのだとすれば、それはまだ中間的なものであって、究極の原因ではない。最後まで遡ると、他から動かされずもっぱら動かすだけの実体に到達するはずだ。この「不動の動者」は、要するに神であり、自然の外部にある永遠不滅の実体、純粋なイデアであろう。

こうして、プラトンに対抗する思索が、真にプラトン的なものを見出したことになる。この逆説は、後の西洋哲学の豊かな展開の前触れである。

＊Aristotle（BC384〜322）。古代ギリシャの哲学者
＊『形而上学』出隆訳、岩波文庫上下

V

『ツァラトゥストラ』（1883〜1885年）

ニーチェ

高校1年の夏、私の命を救った一冊

本書は、故郷を離れ、10年間山にこもっていたツァラトゥストラ（以下、Z）なる人物が、惜しみなく光を与える太陽に触発されて、山を下り、人々に教えを授けるという体裁をとった哲学書である。四部から成っている。

ニーチェは、40歳になる直前の1883年から84年にかけて三部までを書き上げた。いったん、そこまでで完結だと考えていた節があるのだが、ニーチェは85年にさらに第四部を書き足した。本書は出版当時、まったく売れず、いかなる反響も呼ばなかった（第四部は私家版40部が印刷されただけ）。

しかし、その後広く読まれ、20世紀の思想や哲学、そして実践に絶大な影響をもたらした（今も影響を与え続けている）。

私自身もこの本に救われた。

高校1年の夏の終わりにこの本と出会っていなければ、現在の自分はなかった。生きてさえいなかったかもしれない、と思う。

邦訳版はたくさんあるが、説教も、また全体をゆるやかにつなぐストーリーもすべて寓話なので、初めて読む人には注が豊富なものほどよい。ならば、最初から、寓話ではなくストレートに語ってほしいと思うかもしれないが、本書は、寓話という形式を媒介にしなければほんとうには伝わらないことがある、ということも教えてくれる。

Zの名は、古代ペルシャの拝火教の宗祖に由来するが、内容は拝火教とは関係ない。Zのスタイルは、弟子を連れて放浪し、説教したキリストのパロディである。

Zは何を説いたのか。

冒頭の説教で、Zは、精神はラクダからシシを経由して、最後に子供へと変化する、と語る。ラクダは、重荷に耐える精神である。シシは、重荷や義務を外から強いられることを拒否し、「われ欲す」と語る精神だ。

最も高い精神の境地は、無邪気な子供に喩えられる。それは「新しい始まり」であり、「遊戯」であり、「自力でころがる車輪」なのだ、と。「神聖な肯定」だ、と。この子供に託されている思想こそ、本書の中心にある永劫回帰の思想である。

永劫回帰とは何か？　それは人生に対して否定的な態度をとるニヒリズムを克服する知恵である。この種のニヒリズムを生み出しているのは、ルサンチマン（怨恨）である。

ではルサンチマンを抱くのはどんなときか。すでに起きてしまったことをとうてい受け入れられないと感じたときだろう。

どうしたらルサンチマンを克服できるのか。過去に遡って意欲することだ、とZは説く。まず、「そうであった」という過去の現実がある。これを、私は実は「そうであったことを欲したのだ」に置き換える。さすれば、まさに欲していたことが起きたことになるので、怨恨は出てこない。

このとき、私は同じことが何度でも帰ってこいと思うはずだし、死ぬときも、人生に「さあもう一度！」と言うだろう。つまり永劫回帰が意志される。

これはまことに巧みな処世訓だ。が、思想としてはまだ弱い。極端に理不尽な不幸に苦しんだ人、たとえば強制収容所のユダヤ人に、あるいは広島や長崎の被爆者に、その人生をもう一度と意欲しなさい、と言えるだろうか。

実は、「後ろ向きに意欲する」というここまでの永劫回帰の説明は、まだ暫定的なもので、Zの教えにはまだ先がある（実際、「われ欲す」は精神のシシ的段階であって、まだ子供の境地に達していない)。

どたばた喜劇のように展開していく最終第四部の結末近くで、Zは突然「徴《しるし》が来た!」と叫ぶ。第三部までの展開を踏まえると、「徴」とは、永劫回帰の秘密を告げる鐘の音である、と予想がつく。しかし、この場面では実際には鐘は鳴っていない。それなのに、Zはすでに徴は来たと感じる。永劫回帰の思想を理解する鍵はここにある。

私の解釈では、永劫回帰の語りがたい真実とは、現に起きたことを追認的に肯定することではなく、**現に起きていることに反して決定的な出来事**(徴が来た)**はすでに起きたと想定し、肯定し、反復すること**である。こういう態度にどんな意味があるのか?

Zは何も明示的には語っていないので、私の考えを書いておこう。

どんなに重要なことでも——いや重要で深刻なことであればなおさら——、「それがまだ起きていない」と思っている間は、私たちは本気には行動できない。気候変動による破局が迫っていると言われても、それが事実であるとわかっていても、破局が訪れる前には、たいした行動をとることはできず、ただ延々と話し合っているだけだ。

もっと卑俗な例としては、試験日や締切や納期が迫っていても、まだその日になっていなければ、どこか呑気な気持ちも残る。

私たちが真に断固とした行動をとることができるのは、「それ」が起きてしまった後である。それが起きてしまったとき、私たちは、そのときにあるべき状態と自分たちの現実との間のギャップに戦慄するのである。

が、起きてしまった後に本気になったとしても、もう遅い。痛烈な後悔の気持ちが生ずるだけだ。では、**ことが起きる前に真に意欲し、行動するにはどうしたらよいのか。そのような態度をもたらす思想があるのか。ある。それが「永劫回帰」の思想である。**

＊Friedrich Wilhelm Nietzsche（1844〜1900）。ドイツの哲学者

＊『ツァラトゥストラはこう言った』氷上英廣訳、岩波文庫上下／森一郎訳、講談社学術文庫／『ツァラトストラかく語りき』竹山道雄訳、新潮文庫上下／『改版 ツァラトゥストラ』手塚富雄訳、中公文庫プレミアム／『ニーチェ全集9 ツァラトゥストラ上』『同全集10 同下』吉沢伝三郎訳、ちくま学芸文庫／『ツァラトゥストラ』丘沢静也訳、光文社古典新訳文庫上下／『ツァラトゥストラかく語りき』佐々木中訳、河出文庫

『世界の共同主観的存在構造』（1972年）

廣松渉

近代の主客図式を超えて

本書で取り上げる本の中で、私自身が直接教えを受けた人の本はこれだけである。私は、大学制度上の弟子という立場ではなかったし、廣松さんとの日常的な交わりを通じて研鑽《けんさん》を積んでいた研究者たちのグループの一員でもなかったが、大学に入ってすぐの時期に「廣松渉」というモデルにじかに接することができたおかげで、「哲学する」とはどういうことなのかを、真に腹に落ちるようなかたちで納得できたように思う。

『世界の共同主観的存在構造』は、未完に終わった主著『存在と意味』に直接連なる、廣松渉の代表作である。この本は、哲学の分類で言えば、主として認識論の書ということになる。ここで廣松は、近代的認識論、つまり「主観－客観」図式の乗り越えを図る。

「主観－客観」図式とは、私的な主観が、外部に実在する客体を、心象などの意識内容を媒介にして認識する、という構図である。つまり、「主観－客観」図式によれば、認識は、「意識対象－意識内容－意識作用」の三項関係を通じてなされる。これは、近代的認識論にとっては自明な図式である（それどころか、近代人の常識である）。

しかし、廣松によれば、私たちに現に与えられている世界がどのような構造に媒介されて存立しているのかということを虚心に反省し、見つめ直してみるならば、この図式は誤りであることがわかる。

20世紀中葉以降の学問や世界観の閉塞と停滞の究極の原因は、この誤った図式を前提にして考え、認識しようとしてきたことにある。では、「主観－客観」図式ではないとすれば、認識は本当のところどうなっているのか。

まず現象は、必ず「或るものとして」現れる。

たとえば、あれは「犬」として現れる。「犬」は、あの犬の如実の見え姿とは異なる、「それ以上の何か」「それ以外の何か」である。その証拠に、犬が走り回って見え方が変わっても同じ「犬」である。いや、そもそも、その他の諸々の犬たちとも同じ「犬」である。

このように、現象には常に、感性に直接的に与えられているリアルなそれが、リアルなものを超えた「それ以上のあるもの」として現れる、という二重性がある。

「それ以上のあるもの」にあたるのが、その現象が何であるかという「意味」――「意味的所知」という難しい言葉が使われているが——である。

現象は、私に対して現れている。が、よく反省してみれば、「犬」は、「私としての私」に現れているわけではない。私は、まさにあの動物を「犬」として認識する共同体——たとえば日本語の共同体——の一員として見ているのだ。つまり認識する主体の側にも、「我々（共同体）としての私」という二重性がある。

現象側の二重性と認識主体側の二重性が対応している。両者を合したこの「**四肢的な構造連関**」が、主客図式に対する廣松の代替案だ。

この四肢構造論には、ただの「知識」や「お勉強」を超えた意義がある。つまり、それは、認識論の枠を超えた含みがある。**人が共同主観化された何者かとしてのみ何かを認識するのだとすれば、認識の抜本的な更新や転換は、私たちの共同性・協働性の変革を通じてしかありえない、ということになるからだ。**

『世界の共同主観的存在構造』では、この人間存在の共同性がどのように成り立っているのか、についても、基本的なことが論じられている。

四肢構造論の「それ以上の或るもの」——つまり「意味」の契機——は、「我々としての私」の「我々」の方に対応している。他者たちとのコミュニケーションを通じて——特に言語的な交通を通じて――、「私」が、ほかのみんなと同じ「我々」として自己形成を遂げたならば、共同主観化された「意味」の秩序が実現する。

このとき、「私」は、共同体のみんなと同じように、つまり誰とも特定できない匿名の「みんな」の期待に応えるようにふるまっている。このような「私」のあり方を、「役割存在」と呼ぶ。

廣松渉は晩年、役割理論の（再）構築に非常な力を注いだ。『世界の共同主観的存在構造』にも、身体と外界の分断、自己と他者の分断がいかにして生じているか等についての考察が入っているのだが、晩年には、これを超えて、役割行動がどのように発生してくるのかを精緻に徹底的に考え抜き、厳密に説明しようとした。

なぜなのか？

廣松渉はマルクス主義者であり、マルクスのテクストの研究者としても超一流だった。そして最期まで、資本主義を超える革命が可能であると確信していた。革命は、役割のシステムとして現れる社会構造の抜本的な転換というかたちをとるはずだ。そうだとすれば、役割行動を、その発生の場面から説明する理論は、来るべき革命のための、一見迂遠だが、絶対に必要な基礎理論になるはずだ。

私は、廣松の晩年の仕事の意義を、このように解釈している。振り返ってみれば、『世界の共同主観的存在構造』が、連合赤軍事件によって日本の新左翼の運動が決定的に挫折した1972年に発表されたことは偶然ではなかろう。

哲学は、新たな概念を創造し、世界の基本的な見え方自体を変えることである。さすれば、この世界とは異なる、他なる世界が可能であることを示唆することもできる。廣松渉は、ほんものの哲学者であった。

＊ひろまつ・わたる（1933〜94）。哲学者
＊『世界の共同主観的存在構造』岩波文庫

『声と現象』（1967年）

ジャック・デリダ

遅れる意識、つかめぬ起源

フランスの哲学者ジャック・デリダは、20世紀最後の四半世紀、思想界のスーパースターだった。「脱構築」「エクリチュール（文字）」「散種」等の新規な概念を繰り出しながら、「西洋形而上学」の「ロゴス中心主義」を批判する彼のテクストに、世界中の若き知識人が魅了された。

1967年に出版された『声と現象』は、デリダの初期の作品のひとつで、現象学なる哲学を創始したフッサールの著作『論理学研究』（1900〜01年）を緻密に読み込んだもの。

デリダの中期以降の本や論文はしばしば、哲学書というより実験的な文学のテクストに近いが、『声と現象』はそうではない。デリダの本の中で、最も伝統的な哲学論文に近いスタイルで書かれている。

デリダが発明した概念の中で最も重要だと私が考えるのは、「差延différance」である。これは、「異なる」という意味のフランス語différerが「遅らせる」をも意味することに着眼してデリダが造った語だ。つまり「差異＋遅延」。差異を意味する普通の語（différence）と発音はまったく同じで、文字《エクリチュール》だけで区別がつく。

哲学には、同一性と差異のどちらが先か、という問いがあり、デリダは、差異や他者性の味方である。それを最後まで貫くと差延に至る。

というのも、起源にあるように見えた同一者も、差異の産物だということになり、真の起源への到達は無限に延期されるからだ。

『声と現象』で、デリダが、フッサールの「記号」についての分析を読み抜き、読み換えることを通じて、この差延の概念を導き出す過程を見ておこう。

記号を使うことで、語る主体は「言いたいこと」を表現する。このとき、「言いたいこと」は、なんらかの物理的な媒介、つまり音素の組み合わせとか文字とかといった「指標」と結びつかざるをえない。自分の意識にまざまざとたち現れたことを、他人の意識に同じようにたち現すことはできないからだ。

記号は、私の言いたいことの表現であり、他人に提示される指標でもあるという二側面をもつ。

ところで、「言いたいこと」の表現が指標と結びついたとたんに、劣化が生じている。たとえば私としては、闇夜の道を横切ったあの猫のいわく言いがたい不気味な雰囲気を伝えたいのに、その繊細さは「猫だ！」の一言におおざっぱに縮約されてしまう、といった具合に。

そこで、指標と結びついてしまったことから来る劣化・汚染を取り除いて、「言いたいこと」の純粋な表現にまで遡ってみたらどうなるか。つまり記号の起源に遡るのだ。しかし、いくら遡っても、指標による汚染は完全には除去されない。孤独な独白の状況で考えても、同じである。

結局、「言いたいこと」という「意味」は常に、記号によって示されざるをえない。起源の出来事である「言いたいこと」は、記号によって媒介されることによる変容の可能性をこうむりつつ、「同じもの」「反復されうるもの」として留まるのだ。ここに、差延が利いている。

起源の出来事は、記号によって差異化される中で同一のものであり続けるのだし、記号に媒介されて現れる以上は、常に遅れて――いわば「ずれたもの」として――体験されるからである。

この記号の分析の延長線上で、デリダのもうひとつの重要概念「エクリチュール」も導かれる。「言いたいこと」を、「内面の声」だと考えよう。ここまで述べてきたように、その内面の声は、指標という物体に具体化（受肉）されうるものとしてのみ存在する。

この「指標という物体」を「エクリチュール」と読み換えるとよい。「エクリチュール」は「文字」を意味するフランス語だが、ここでは比喩的に使われている。（内面の）声には、常にすでにエクリチュールの可能性が宿っている、ということになる。

『声と現象』の複雑な論理展開をおおまかに駆け足で辿ってきたので、もうひとつよくわからなかったかもしれない。差延とは何なのか、具体的に実感できる場面がある。『声と現象』の論述から離れて解説しておこう。

最初は何とも思っていなかった人を、急に好きになり、恋に落ちることがあるだろう。その相手の人は、以前とまったく同じままだ。そのはずなのに、根本的に異なって見える。同じなのに差異が孕まれている。しかもあなたは、まさに恋に落ちつつある「現在」を体験することができない。気がついたら恋に落ちていた、となるはずだ。

燃えるような恋に落ちた瞬間の出来事は、常に後から反復されたものとしてのみ体験される。あなたの意識は、恋の起源に対して常に遅れており、ほんものの起源には到達できない。これこそ、「差延」である。

この差延という概念がどうして、ことのほか重要なのか。私の考えでは、この概念には政治的爆発力がある。「メシアニズムなきメシア的なもの」をめぐるデリダ晩年の政治思想を、このデリダ自身の概念を使って「脱構築」したとき、その爆発力が引き出されるだろう。

*Jacques Derrida（1930〜2004）。フランスの哲学者

*『声と現象』林好雄訳、ちくま学芸文庫

『因果性と相補性』（1937年）
ニールス・ボーア

量子論が投げかけた問い

この200年の学問の歴史の中での最大の知的革新、それは量子論の登場にある。量子論は、物理学の基礎理論で、20世紀の前半、特に戦間期に何人もの物理学者の手によって次第にその姿を整えていった。この運動の中心にいたのが、ニールス・ボーアだ。**量子論は、ニュートン以来の物質の見方を完全に打ち砕いてしまった。**ニュートン物理学からの断絶ということに関しては、しばしばアインシュタインの相対性理論が引き合いに出される。確かに相対性理論は、時間と空間をめぐるニュートンの基本的な前提に変更を加えるものではあるが、しかし、ニュートンの古典物理学を否定したわけではなく、むしろそれを真に完成させたと解釈する方がよい。本当の断絶は、量子論によってもたらされた。

ここに断絶があったということを何よりも雄弁に語っているのが、アインシュタインが量子論を絶対に認めなかったという事実である。ボーアをはじめとする若い物理学者は、彼らにとってのヒーローであるアインシュタインが、自分たちが提起しつつある新しい理論を受け入れてくれないことにショックを受けた。

ボーアは、アインシュタインと論争し、なんとかアインシュタインを説得しようとしたが失敗した。アインシュタインはまちがっていたということにはなるのだが、量子論に対する彼の反論自体が洞察に満ちており、量子論のふしぎさを鮮明に浮き上がらせるのに貢献した（ボーアとアインシュタインの間の論争に関しては、マンジット・クマールの『量子革命』が素人にもわかりやすく紹介している）。

量子論のどこがふしぎなのか？

以前から光は一種の波であることがわかっていた。回折・干渉など波としての現象を引き起こすことが、その何よりの証拠である。ところが、光は粒だと考えないと説明できないこともある、とわかった（粒としての光のことを光子と呼ぶ）。逆に電子は粒だが、波のようにふるまうこともあると明らかになった。

粒であることと波であることとは矛盾する。たとえば粒は同じ位置に二つ同時にいることは不可能だが、波は二つが同じ位置で重なって強め合ったり弱め合ったりする。物質はしかし究極的には粒であり、かつ波である。西田哲学風に言えば、絶対矛盾的自己同一。これを認めるのが量子論である。ボーアは波／粒の排他的な状態の二重性を「相補性」と呼んだ。

そんなに奇妙なら、波かつ粒のその物がどんな状態なのか見てみればよいではないか。が、それがうまくいかない。なぜか。観測したとたんに、波であったはずのものが粒になるからだ。波が粒へと凝縮されていく様が見えるわけではない。観測したときにはすでに粒になってしまっているのだ。

ということは、どういうことか。光子なり、電子なりが、自分が見られることを知っていた、かのようなのだ。もちろんそんなことはありえない。とにかくこうなると、観測ということとは独立に、物の性質や存在について云々できない、ということになる。

このように**量子論が提起したのは、答えでなく問いである**。そもそも存在とは何か、と。これはもう、物理学という一特殊分野が解くべき、あるいは解きうる問題ではない。まして数学によって解かれうる問題ではない。**量子論が見出した謎は、専門分野とは無関係に万人に開かれた哲学的な問い、存在論的な問いである。**

ニールス・ボーアの『因果性と相補性』という論文は、その答えになっているわけではない。ここで「古典」として紹介したのは、今述べた、哲学的な問いを開示した一連の試みの原点に置かれるべき論文のひとつだからだ。

もう一度、謎の核心をはっきりさせておこう。

私たちは、人が観測するかとは無関係に物は実在すると考える。実際そのはずだし、そうでなくてはならない。しかし観測から独立に存在が定義できないとするとどうなるのか。

現代の物理学者が、「哲学者」としてこの問いに挑んでいる著書を二つ、紹介しておこう。どちらも、数学や物理学の知識がなくても読むことができる。ひとつは、量子重力理論の提唱者カルロ・ロヴェッリの『世界は「関係」でできている』。もうひとつは、ポスト構造主義の思想家でもある異色の理論物理学者カレン・バラッドの『宇宙の途上で出会う』。両者とも、観測概念を独自に定義し直すことで、問いと格闘している。非常におもしろい。が、私の結論を言えば、どちらも量子論の謎を解消するのに成功してはいない。

謎を解く鍵は、観測概念を適切に一般化し、人間中心主義から解放できるかにある。観測は、物と物の間の関係や相互作用の一般化ではない。無節操に一般化すると、「観測」の本来の固有性が見失われる。かといって、「意識」や「主観性」を観測の概念の中に含めてしまうと、人間から独立の実在ということが言えなくなってしまう。

私は、量子論の謎は、自然から人間の知性への毒入りの贈り物のように感じることがある。あるいは、神が一瞬、人間に、見せてはいけない秘密をもらしてしまったかのようにも、思う。

＊Niels Bohr（1885～1962）。デンマークの理論物理学者
＊『ニールス・ボーア論文集1　因果性と相補性』山本義隆編訳、岩波文庫

『〈関係〉の詩学』（1990年）
エドゥアール・グリッサン
偽の普遍性を克服する概念

エドゥアール・グリッサンは、カリブ海のマルティニーク島出身の作家・思想家である。マルティニーク島は、未だに残るフランスの植民地だ（法的には「海外県」）。グリッサンは常に、「アンティル性」を前提に書いている。アンティルとは、カリブ海地域の島々のことで、マルティニークのほかに、グアドループ（フランス海外県）、ハイチ共和国が含まれる。要するに、フランスの（旧）植民地である。グリッサンが1990年に出した評論集『〈関係〉の詩学』もまた、アンティル性に関連している。

グリッサンが目指したことは、人間の普遍的解放である。と、結論に一挙に飛びついてしまうと、この作家の思想の肝心な部分をとり逃す。「人間解放」というならば、マルティニーク島の宗主国フランスこそ、「人権宣言」を発した国ではないか。フランス革命のごく初期の段階に、フランス国民議会は、人権宣言を議決した。

しかし、その後の経緯を見るならば、この宣言には欺瞞があったと言わざるをえない。「人権」は、字義通りならば人間一般の権利を指しているはずだが、実質的には、西洋人の権利しか念頭に置いていなかったからだ。その証拠に、**フランス革命中にいったんは廃止された奴隷制が革命後に復活したし、事実上の植民地支配は今も続いている。**

この欺瞞的な人間概念にどう対抗したらよいのか。並の思想家ならば黒人解放を主張する。この場合、黒人奴隷のルーツであるアフリカが解放運動の拠り所となる。しかしこれでは、西洋へと偏っていた人間概念に、別の特殊性（アフリカ系）を対置しているだけで、前者の偽の普遍性の乗り越えにはならない。

そもそも、グリッサンのようなクレオールにとっては、アフリカは精神の故郷ではない。それなのにアフリカを自らのルーツだと主張することは、端的に虚偽である。

「黒人」の代わりに、グリッサンは〈関係〉という概念を提起する。抽象的な概念に思われるかもしれないが、具体的なイメージと重ね合わされている。たとえば本書の冒頭のエッセイで語られる奴隷船の船倉。黒人奴隷は、奴隷船に荷物のように詰め込まれアメリカに運ばれた。この船倉は、〈関係〉のあり方のひとつだ。いや、単に「ひとつ」というより、**奴隷船の船倉こそが〈関係〉の原型、グリッサンが念頭に置いている最も典型的な**

〈関係〉である。だから、〈関係〉は逆説、最大限の二律背反を孕んだ概念である。常識的に考えれば、奴隷船の船倉は、まともな（人間）関係がすべて否定される場所である。たとえば「奴隷船が海賊船に追われたとき、いちばん手っとり早いのは、積み荷に鉄球をつけて船べりから投げ捨て、船を軽くすることだった」。この「積み荷」は黒人奴隷のことである。「黄金海岸からリーワード諸島にいたるまで、海底にはその跡（捨てられた「積み荷」の跡）が続いている」。グリッサンは、通常の人間関係が全部否定される場所をこそ、〈関係〉と見定めているのだ。

奴隷船（の船倉）というイメージは、どこか特定の地にルーツを求めることを拒否している。それは、いかなる起源とも結びついていない。それゆえ〈関係〉は、あらゆるパースペクティヴ（視点）から語られる歴史を、つまり想像的なものや、現実にはならなかったこと、現実になり損なったことを含むすべての歴史を読み込みうる媒体である。〈関係Relation〉は、「証言する」とか「報告する」という意味も含む語であることに留意しておこう。

グリッサンは、初期の大著『カリブ海序説』やハイチ革命を題材にした自作の戯曲への序文などで、「**過去の予言的ヴィジョン**」という奇妙な表現を使っている。未来ではなくて過去を予言する。私たちは通常、（過去は固定されているが）未来は開かれていると考えるが、逆に過去の方を開かれていて、変えられるかのように見る。つまり、過去を、さまざまな可能性を孕んだ時間として見る。

なぜ、そのように過去を、歴史を見なくてはならないのか。今までの趨勢とははっきりと異なる未来を、勇気をもって選択するには、まず過去（の見え方）を根本的に変えなくてはならないからだろう。〈関係〉は、ルーツの否定を媒介にして——通常ならアイデンティティの欠如につながるところだが、逆にその事実に依拠して——すべてに開かれたアイデンティティを肯定する。「根の喪失がアイデンティティをもたらしうる」、と。

〈関係〉という概念は、後に〈全《トゥ》‐世界《モンド》〉という概念へと発展する。それは、〈全‐世界〉を包摂する真の〈普遍性〉だからだ。グリッサンは、西洋の欺瞞によって歪められた「普遍」という語を嫌ったが、〈全《トゥ》‐世界《モンド》〉は、西洋のそれとは異なるタイプの〈普遍性〉がありうることを含意している。

＊Édouard Glissant（１９２８〜２０１１）。詩人・小説家・思想家

＊『〈関係〉の詩学』管啓次郎訳、インスクリプト

『方法序説』（1637年）
デカルト
考える私は存在するのか

17世紀フランスの哲学者ルネ・デカルト。その名を知らぬ人はほとんどいないだろう。デカルトこそ、近代的精神への扉を開いた哲学者である。

1637年に出版された『方法序説』はあまりにも有名で、今日では、主に単独で読まれているため、もともと一冊の本として出版されたと誤解している人がいるが、そうではない。これは本来、ほんとうに序説だった。『方法序説』は、「屈折光学」「気象学」「幾何学」という三つの科学論文集の前につけられた序説だ。

実は、デカルトは、『世界論』というさらにもっと大きな本を出版するつもりだった。しかし、公刊しようとしていた矢先、ガリレオが「地動説」を支持したかどでローマ教皇庁から断罪された。この衝撃はすさまじく、当時のヨーロッパ中の知識人が震え上がった。デカルトも慎重になり、出版計画を変更し、地動説やアリストテレス批判（教皇庁はアリストテレスの自然学に依拠していた）などにつながる危険な部分を省いてできあがったのが、今述べた科学論文集である。科学論文集の部分は、今では専門家しか読まないが、その後の自然科学の発展があっても、その前につけられた「序説」だけは古びることなく、今でも読まれている。

『方法序説』は、細かく六部に分かれているが、後世への影響という点で最も重要なのは第四部だ。ここに、あの有名な命題が出てくる。

実生活では、ときには不確かな意見にも従う必要があるが、真理の探究にあっては逆でなくてはならない、とデカルトは述べる。つまりほんのわずかでも疑いうるものはすべて誤りとして廃棄すべきだ、と。

まず感覚は、ときに私たちを欺く。幾何学は確実であると思うかもしれないが、幾何学の証明においても、推論をまちがえることがある。また、私たちが目覚めているときの思考と同じものが、眠っているときにも夢として現れうることを思えば、精神の中に入っているすべてが夢の幻想のように誤ったものかもしれないという疑いを払拭することはできない。

このように疑いうるものをどんどん廃棄していくと確実なものとして残るのは、まさに私が疑い、考えているということ、それだけである。そうである以上、考えている私は何ものかでなくてはならない。つまり「私は考える《コギト》、ゆえに《エルゴ》私は存在する《スム》」。これが真理探究の土台となる。このようにデカルトは論ずる。

この後、デカルトは、「疑う私」を出発点として、次のような推論で、神の存在を証明してみせる。私が疑っているということは、私は完全な認識をもたず、自らの存在が完全ではないということを自覚しているということである。言い換えれば、私は、自分よりも完全である何かを考えているのだ（だから私自身は不完全だとわかる）。私は、どこから、そんなことを学んだのか。実際に私より完全な本性が存在し、そこから学んだと考えるほかない。その完全である本性とは、神のことである。

というわけで、神の存在が証明される、とデカルトは主張するわけだが、どうだろうか。現に完全なもの（神）が存在していなければ、私が自分の不完全性を自覚できるはずはない、とデカルトは言っているのだが、やや詭弁めいている。デカルトは、後に『省察』（1641年）でも、三つのやり方で神の存在証明を試みている。それらも含めて、証明が成功しているかどうかは、評価は分かれるところだろう。

「神の存在」についてはここでは脇に置いておこう。ともかくデカルトは、真理の基礎に、

「私は考える」という「意識」を見出した。その後の哲学史には、デカルト応援派と批判派が現れた。思い切って誇張すれば、近代の哲学は、デカルトの命題を補強したり、逆に批判したりすることを軸にして展開した……と言ってもよいくらいである。

評者（大澤）としては、デカルトがたどりついた命題に関してこう思う。

デカルトは、「私は考える」と「考えるモノの存在」とを、あまりにも直接的につなぎすぎている、と。私が考えているとき、その思考の内容として絶対にたち現れないのが、まさに考えているこの私である。もちろん、私は、私について考えることはできるが、その「考えられた対象としての私」は、まさに今考えている主体としての私ではない。

つまり、評者の考えでは、デカルトの推論とは異なって、**「私は考える」は「私の存在」へとアクセスすることはできない。「私の存在」は、「私は考える」からいつまでも逃れていくのだ。**「コギト」と「スム」の間にあるのは、順接（エルゴ）ではなく、越えられない深淵ではないだろうか。

＊René Descartes（1596〜1650）。フランス生まれの哲学者

＊『方法序説』谷川多佳子訳、岩波文庫

『象は鼻が長い』（1969年）

三上章

「ハ」に潜む他者からの問い

奇妙なタイトルをもつ本書は、市井の言語学者三上章による日本語論の名著である。

ここで、「主語」という概念が否定される。ヨーロッパ語をモデルにすると、文には不可欠の中心的な要素として主語があると考えたくなるが、日本語にはそれが当てはまらない。三上はこのことを見事に証明してみせる。

日本語文法において、主語の代わりに縦横無尽に活躍するのは、「ハ」という係助詞だ。逆に言えば、「ハ」は主語概念では説明できない。

「象ハ鼻ガ長イ」の「象ハ」は主語ではない。「象について言えば」という話題を提示しているのである。「Xハ」の本務は提題である。わざわざ「本務」と言うからには兼務があるのだ。

たとえば先の文の内容は、「象ノ鼻ガ長イこと」と言い換えられる。ここにもとの文にはなかった「ノ」という助詞が出現する。ということは、もとの文では「ハ」が「ノ」を代行しており、そのため「ノ」が隠れていたのだ、と三上は解釈する。「ハ」の兼務は、「ガノニヲ」といった助詞の代行である。

本書で特に重視されていることは、本務と兼務で呼応（どこに係るか）が異なるという点だ。「象ノ」は「鼻」という名詞に係っている。しかし、「象ハ」は文末まで勢いが及ぶ。呼応を誇張すれば「象ハ鼻ガ長イナア」となる。

一般に兼務は短く厳密に係り、本務は大きく大まかに係る。兼務の係りが短いのは、ことがらの論理的な関係を示せばその使命を終えてしまうからだが、本務はどうして大まかで大きいのか。それは、提題がほんとうは「Xハ？」という問いだからだ。**問われている段階では、Xがどうなるかわからない未定の状態なので大まかにならざるをえず、そして問われている以上は、答える方は最後まで言い切らなくてはならないので、文末まで大きく係るのだ。**「Xハ云々」は自問自答である。

さらに三上は、本務としての「ハ」には、普通の文法要素にはない特殊な性格があることに気づいた。助詞にせよ何にせよ、普通の要素は、文の中でなんらかの働きを担う。しかし、「ハ」という助詞だけは、節や文を越える働きをする（コンマ越え、ピリオド越え）。

「吾輩は猫である。名前はまだ無い。どこで生れたかとんと見当がつかぬ」。ここで、「吾輩は」は、最初の文だけではなく、二つ目・三つ目の文にまで効果が及んでいる。

「ハ」には、対比の機能がある。また「ハ」のついた要素を限定した上で、強く否定する性能もある。これらは、「ハ」が、節や文を越えていこうとする機能をもっている、ということから説明できる。

たとえば「母ハ医者デス（ガ）、父ハ教師デス」（対比）。後者の「父ハ」と言うとき、その前の「母ハ」が節（コンマ）を越えてやってきて、背景的な前提になっているのだ。「母ハ」がその後にも余韻を残しているのである。

このように明示的に別の文が言われなくても、ある文の中に「ハ」が登場すると、日本語の話者は、この文の前にあって、余韻を残す文か、この文の後に続き、この文の響きをそこにもち越す別の文を、思わず想定してしまう。たとえば、「豚肉ハ食べマセン」と聞くと、「ホカノ肉ナラ食ベラレマス」といった文が想定され、「豚肉」だけに限定して強く否定していると感じられる。

以上の三上説をさらに展開することができる。先に「XハZ々」は自問自答だと述べたが、本来、問うのは他者であろう。ならば、「ハ」が越えているのは、句（コンマ）や文

〈ピリオド〉ではなくて話者なのではあるまいか。「コノ本ハ読ンダ?」「難シクテヨクワカラナカッタ」「イヤ、ケッコウオモシロイヨ」という会話で、最初の「コノ本ハ」は、話者を横断して作用する。

「ハ」の圧倒的な重要性が示唆していることは、日本語の文は、本来、他者からの問いかけへの応答だ、ということである。ヨーロッパ語で主語が中心になるのは、「主語の中の主語」である語る主体（英語の〝I〟）こそが言語の源泉として特権化されているからだ。

だが、日本語では、語る主体の前に問う他者がいる。

「Xハ」という、問いの形式をとった提題は、話者を越えることができるがゆえに、いわば〈問いの共同性〉とでも呼ぶべきものを作る力をもつ。普通は、同じ「答え」を共有する者たちが共同体を形成する。しかし、日本語には、答えが埋められていない疑問だけでつながる開かれた共同性への感受性のようなものが孕まれている。

＊みかみ・あきら（1903〜71）。日本の文法学者
＊『象は鼻が長い』くろしお出版

『史的システムとしての資本主義』（1983、1995年）

I・ウォーラーステイン

中核と周辺、格差を理論化

イマニュエル・ウォーラーステインは、「世界システム」という概念を提唱し、これを使って、世界史（特に近代史）を叙述しうることを示した、偉大な歴史社会学者である。2019年に88歳で亡くなった。

世界システムの典型は、中国の歴代王朝のような「帝国」である。帝国は、諸地域を政治的に統合し、まさに包括的な「世界」を構成している。帝国の形態をとる世界システムは、歴史上、さまざまな地域で、何回も現れた。

だが、ひとつだけ、例外的な世界システムがある。政治的には統合されていない世界システムがあるのだ。政治的に統合されていなければ、それは、もはやシステムと言えないのではないか、と思いたくなるが、そうではない。その世界システムは、政治とは別の仕方で統合されている。別の仕方とは、「経済」である。**「世界経済」（経済的な分業体制）**の

形態をとった、例外的な世界システムがあるのだ。それが、近代に成立した、西ヨーロッパを中核とする資本主義的な世界システムである。

16世紀に生まれたこの近代世界システムの歴史を叙述するウォーラーステインの主著『近代世界システム』は四巻まで書かれたが、未完に終わった。1974年に出た第一巻に記されている構想では、四巻で現在までが論じられるはずだった。しかし、2011年に出た第四巻は、第一次世界大戦前までで終わっている。20世紀については、残念ながら書かれなかった。

本書『史的システムとしての資本主義』は、世界システム論の理論部分だけをコンパクトに説明したもので、1983年に初版が、1995年に増補版が出された。その内容は以下の通りだ。

巨大な商品連鎖として存在する近代世界システムには、「中核／半周辺／周辺」の分化がある。中核は、周辺を経済的に搾取し、文化的にも優位に立つ。自由な賃金労働が普通なのは中核だけであって、周辺では、実質的な強制労働が一般的である。

資本主義の本質は、無限の資本蓄積の衝動にある。人は、いつまでも完全な充足には至ることはなく、利潤を獲得しても、さらなる利潤を目指してそれを再投資する……という

ことをいつまでも繰り返さざるをえない、ということだ。

だから、資本主義は、万人に恩恵をもたらす豊かな社会に向かっている……と言いたいところだが、本書が強調していることは、逆の側面だ。つまり、**世界的な資本蓄積の進行は、必ずしも労働者の生活の向上につながらない。中核国のエスニック集団の問題や人種差別も、世界システムに規定された特殊な労働形態から説明できる、というのがウォーラーステインの立場である。**

マルクスの「宗教は民衆のアヘンである」を意識して、「真理はアヘンである」と題された章では、「自由・平等」「合理主義」「能力主義」等の普遍主義的主張が、実際には、中核地域の利益しか代弁しない欺瞞になっている、と説明される。この部分には、現在のわれわれが直面している困難を理解するための手がかりがある。

たとえば、20年にもおよぶ、アフガニスタンに対するアメリカの介入が、なんの成果もあげられなかった原因はどこにあるのか。西側諸国が、明白に普遍的な妥当性があると思われる価値観を掲げて、ロシアのウクライナへの侵攻を非難しても、多くのグローバルサウス諸国が、これに積極的には同調・賛同しないのはなぜなのか。

グローバルサウスに属する地域に、女性や同性愛を差別し、抑圧する法があると、われわれはすぐにそれを、彼らが十分に啓蒙されておらず、伝統的な道徳や宗教の影響から解放されていないからだ、と思うわけだが、必ずしもそうではない。**女性や同性愛者を差別することが、彼らにとっては、先進国の帝国主義や西洋中心主義への抵抗としての意味をもってしまっているのだ。**これこそ、ウォーラーステインが見出した普遍主義の欺瞞に対する、まことに悲しい反応のひとつであろう。

増補版の最終章では、世界システムの将来の可能性について検討されている。われわれの現状を見ると、30年前に予示された悪いシナリオ「民主ファシズム」よりももっと悪いことがわかる。

民主ファシズムは、中核諸国の国民だけが平等で、残りの八割の人間が抑圧されている状態だが、今日では、中核諸国の国民の中にも極端な格差が広がっているし、トランプや（ヨーロッパでの）右翼ポピュリズム勢力の拡大に見られるように、中核諸国の内部にソフトなファシズムが浸透しつつある。

＊Immanuel Wallerstein（1930〜2019）。アメリカの社会学者
＊『新版 史的システムとしての資本主義』川北稔訳、岩波書店

『思考と言語』（1934年）
ヴィゴツキー
人間が何かを「為しうる」とは

1896年、20世紀の心理学の方向を決定する偉大な業績を後に残すことになる二人の人物が、わずか3カ月違いで生を享《う》けた。スイスのジャン・ピアジェとロシアのレフ・ヴィゴツキー。ピアジェは、子供の思考が、感覚運動段階から、前操作段階、具体的操作段階を経て、形式的操作段階までの4ステップで発達すると見る理論で知られている。

ヴィゴツキーとピアジェは互いに尊敬し合うよきライバルで、ヴィゴツキーの死の直後に刊行された彼の主著『思考と言語』も、ピアジェ批判にかなりの頁を使っている。

ヴィゴツキーの着想をよく示すのは、この本にも登場する「発達の最近接領域」という概念である。二人の子供にテストを受けさせ、ともに知能年齢が8歳だと判定されたとする。次に大人が少し手助けしてやると、子供たちは8歳より高いレベルの問題が解ける。が、成績は同じではない。一方の子は9歳レベルで精いっぱいだったが、他方の子は12歳の問題を解けた。**他者の補助によって今日できることは、明日には一人でできるようになる。明日の発達水準（9歳と12歳）と現下の発達水準（8歳）の差で定義されるのが、最近接領域である。**

この概念は、人間が何かを「為しうる」とはどういうことかを考えさせる。最近接領域にあることは、「（私に）できないこと」に分類してよいのか。「私にできること／できないこと」の二項しかなければ、そう判定されるが、これだと、あの二人の子供の能力の違いを記述できない。発達の最近接領域という概念は、次のような理解を示唆している。

今のところ他者に（半分）担われているという形式で、私に属している能力がある、と。つまり他者性（援助者）と未来性（明日）を帯びた私の能力というものがあるのだ。

ピアジェの心理学とヴィゴツキーのそれとの違いを顕著に示す実例を、本書からもうひとつ紹介しておこう。

子供の言語の発達の途上で、「自己中心言語」なるものが現れる。自己中心言語とは、なにごとかをやりながら発せられる独り言のようなつぶやきのことだ。3歳くらいに発生し、7歳頃になると激減する。自己中心言語という名にもすでに含意されているように、ピアジェは、これは、言語が十分に社会化される以前の独我論的な思考の産物である、と解釈した。

ところが、ヴィゴツキーは、自己中心言語は、独我論どころではない、ということに気づいた。つまり、自己中心言語は、他者の存在を前提にしない限り成り立たない言語であることを発見したのだ。

もし自己中心言語が独我論的な思考を示すものならば、周囲に人がいようがいまいが――いやむしろ誰もいないときの方が――、より多く発せられるはずである。しかし実際にはまったく逆で、**近くに誰もいないときには、子供の自己中心言語はほとんど出てこない。また、誰かがいたとしても、その人が外国語等、その子供とは異なる言語を使う他者だった場合には、自己中心言語は現れない**。

ということは、何を意味しているのか。語られている内容だけを見ると、自己中心言語は、誰にも差し向けられていないかのような印象を与える。しかし、ヴィゴツキーが見出した右記の事実は、**自己中心言語もまた、他者へと差し向けられている、他者へと提示されている**、ということを示している。それを受け取りうる他者がいなければ、自己中心言語は存在しないのだ。

自己中心言語が、やがて「内言」（声に出さずに頭の中で発せられる言語）に変容する。自己中心言語が7歳頃に激減するのは、それが内言にとって代わられたためである。私たちは、一人で沈思黙考しているとき、それをとても孤独な営みだと考える。

しかし、内言が自己中心言語であることを考えると、まったく孤独な思考においてさえ、人は他者との潜在的な関係に内属していると見なさなくてはならない。なぜなら、それは、本人にはっきり自覚がなくても、やはり他者へと差し向けられているからだ。

個人の能力に見えることのうちに他者との関係が組み込まれている（発達の最近接領域）。独り言のように見える言語が、他者の存在を不可欠の前提にして成り立っている（自己中心言語）。

これらの研究からもわかるように、心理現象を自他関係の中で理解するのが、ピアジェとは対照的なヴィゴツキーの特徴である。付け加えておけば、**今日の人工知能に完全に欠落しているのも、ヴィゴツキーが人間の心理に見出したこのような特徴、すなわち他者との関係性である。**

＊Лев Семёнович Выгóтский（1896～1934）。ロシアの心理学者
＊『新訳版 思考と言語』柴田義松訳、新読書社

『社会システム理論の視座』（1982年）
ニクラス・ルーマン

人間不在、社会自ら生成

ニクラス・ルーマンは、20世紀終盤に活躍した理論社会学者である。だが、その社会システム理論は難解で、専門の社会学者の間でさえもあまり読まれていない。理解のためには、その理論を駆り立てている基本的なモチーフ、明示的には書かれていないモチーフを知る必要がある。私の考えでは、**ルーマンが試みたことは、理論の前提から「神」を完全に排除したとき、社会はどのように記述できるかの探究である。**……というと、社会科学のどの理論も、どの学説も、もともと神など前提にしていない、と反論されるだろう。

だが、どの社会理論も「人間が社会を作る」と考える。このとき人間は、あたかも創造主のように社会の外に立ち、社会を操作できるかのように思い描かれる。そう、「人間」という概念のうちに、密かに神の役割が転移されているのだ。

というわけで、ルーマンの理論は、徹底した反人間主義の立場をとる。彼は、理論から人間概念を追放した。社会システムの要素は「人間」ではない。それならば、社会システムは何を要素とするシステムなのか。コミュニケーションである。

社会システムは、コミュニケーションだけで成り立っている。そしてコミュニケーションは、ただコミュニケーションを通じてのみ生成される。このように、要素間のネットワークを通じて要素を生成しながら、自分自身を構築するシステムを、自己創出《オートポイエーシス》システムと呼ぶ。**ルーマンの理論は、社会システムを、生物や心と並ぶ、もうひとつの自己創出システムとして記述するものだ。**

そこからさまざまな興味深いことが導き出される。たとえば「根源的構成主義」はそのひとつだ。どのような論理からそうなるのか説明しよう。まず、自己創出システムは、操作的に閉じられた自己言及のシステムになっている。「操作的に閉じられている」とはどういうことかは、生物の免疫システムのことを思うと、わかりやすい。免疫システムは、生体にとっての「異物（インプット）」を認識し、排除する機構だ。こうしたことができるのは、システムに、いくつかの異物を抗原として認識するメカニズム、レセプターが備わっているからである。つまり、「インプット」とされるものも真の外部ではなく、システムに内在している操作のメカニズムと相関的にしか見出されない。「インプット」や「アウトプット」が、システムに内在する操作と関連してのみ存在しているとき、そのシステムは操作的に閉じている、とされる。社会システムも、操作的に閉じたシステムである。

ここから、根源的構成主義が導かれる。根源的構成主義とは、システムが有意味なものとして認知（観察）することのみが、そのシステムにとって現実である、とする説である。たとえば、社会システムとしての経済システムにとって、「振り込み」は現実だが、振り込んだ人の政治的立場は「無」に等しい。

1980年代の末期頃から、つまり晩年の10年ほどから死後にかけて出版されたルーマンの著書の多くは、「社会のX」という奇妙なタイトルをもっている。『社会の経済』『社会の法』『社会の政治』『社会の宗教』等、Xの部分に、社会システムのひとつの機能領域が入る。この「社会の」は、根源的構成主義の構えを示すものである。政治現象として存在するものは、（社会システムとしての）政治システムの観察の産物である、等。

ルーマンは、夥《おびただ》しい数の本を書いたが、私は表題には、『社会システム理論の視座』という小著を掲げた。ルーマンを知る者で、この本を代表作とする者はいない。そもそも、これは、1982年に出された論文集の中の一論文でしかなく、邦訳としては一冊になっているが、対応するドイツ語の著作は存在しない。初期の論考であるため、ここまで紹介してきたルーマン固有の概念もまだほとんど現れていない。そんな本を私が前面に出したことには理由がある。

ルーマンの主著は、中期の『社会システム』（1984年）か、死の直前に書き上げたという『社会の社会』（1997年）であろう。後者は、「社会のX」のシリーズの最終形である。2著ともに、読者を威嚇するほど浩瀚《こうかん》で難解。いきなり読んでも歯が立たない。

『社会システム理論の視座』は、ルーマンへの導入としてはとてもよい。これは、ルーマンの手になるコンパクトな社会学史である。ルーマン独自の社会システムの進化論をベースに置いた叙述になっていて、「進化論」の理解にも役立つ。

びっくりするのは、アリストテレスから始まることだ。ルーマンは、「社会学」を今日私たちが自明視している小さな学問分野とは見ていない。**ルーマンにとって、社会学は、西洋哲学全体の流れを汲む知の前衛である。彼は多分、自分をヘーゲルの後継者だと見なしていた。**

＊Niklas Luhmann（1927～98）。ドイツの社会学者
＊『社会システム理論の視座』佐藤勉訳、木鐸社

『失われた時を求めて』（1913〜1927年）
プルースト

無意志的記憶を介し真実へ

マルセル・プルーストの『失われた時を求めて』。今から約100年前に出版された大長篇小説で、フランス現代文学の最高傑作である。第一篇が刊行されたのが1913年で、最終篇が刊行されたのは、プルーストの死後5年が経った1927年だ。非常に有名な小説なので、読んだことがない人でも、紅茶に浸したマドレーヌの味が引き金になって過去がよみがえるシーンは知っているだろう。

この小説は、「私」の人生の回想という形式をとっている。読者としては、この「私」に作家本人をどうしても重ねたくなるが、しかし、書かれていることは事実とは異なっており、「私」は仮構の語り手である。全体は七篇から成り、少年時代の思い出から始まり、最終的には、晩年にまで至る。第一篇の途中（第二部）には、「私」が生まれる前の出来事についての長い挿話、「スワンの恋」についての伝聞が入っていて、そこだけはほぼ三人称で叙述されるが、他の部分は、一人称の語り手「私」が主人公である。人物や、あるいは主人公が幼少期に夏のあいだ過ごした田舎町コンブレーをはじめとする土地は、多くの場合、現実にモデルがあってもフィクションだ。しかし、小説が書かれていた時代の現実の出来事——ドレフュス事件や第一次世界大戦など——についての話題もたくさん入っており、また物語の経過の背景にもなっている。社交界での人間関係や会話、恋愛に伴う嫉妬の苦しみ、倒錯的な性……人生のすべてがこの小説にはある。と、このように説明すると、19世紀において小説の典型だった「教養小説《ビルドゥングスロマン》」を連想するかもしれない。教養小説とは、主人公が、経験を重ねながら内面的に成長し、理想の人格へと発展していく過程を描いた小説だ。しかし、『失われた時を求めて』は教養小説ではない。この小説は、むしろ教養小説的なものを自覚的に拒否している。「私」は、経験を通じていろいろなことを学び、人生の機微に触れるが、理想の人格に成長するわけではない。

小説のタイトルから、過去をノスタルジックに思い起こす話だと想像するかもしれないが、これも全然違う。記憶は重視されるが、それは無意志的記憶である。無意志的記憶とは、たまたま口にしたマドレーヌの味覚のような、あるいはたまたま舗石に躓いたときの感触のような、偶然の感覚的な出会いを通じて、意識の介入なしに現れる記憶のことである。**よみがえるのは、昔の具体的な出来事ではない。無意志的記憶が歓びをもたらすのは、その記憶を通じて、過去と現在を貫く「本質」が、時間を超越した永遠性をわれわれのうちに創造するのが感じられるからだ。**プラトンのイデアのようなものが現出するのである。

だが、真実がそのようなものだとするならば、哲学的な思索や知性によって直接アプローチすべきではないか。が、それは不可能だという洞察が、この小説を導いている。**時間を超えたものは、無意志的記憶か、あるいは隠喩を通じて反復された感覚的な印象を媒介にしなくては現れない。**こうした説明にも示唆されているように、全篇を通じて、「私」は、ひとつの問いに繰り返し答えようとしている。真実とは何か、人生における真実とは何か、「本質」と見なしうる真実とは何か、という問いだ。

たとえば「私」は、社交界での交際やそこでの人々のふるまいに、その答えを見出そうとする。が、そこに見出されるものはあまりに虚しく、はかなく、真実とはほど遠い。「私」は、愛の関係の中にも答えを探る。二人の女性（ジルベルト、アルベルチーヌ）とのあいだで経験した恋愛の中に、あるいは伝聞や覗き見などを通じて間接的に知った愛（スワンの恋、シャルリュス男爵の同性愛）の中に、である。が、それらもまた嫉妬や嘘にまみれたものであって、真実ではない。

結局、「私」は、人間の有限性を超えた精神的な本質への最も優れた道として、芸術を、とりわけ文学を見出す。結末に近いところで、芸術と人生の関係について、「私」は、次のような認識を示す。エドゥアール・マネの有名な画が念頭に置かれている。

「私は言おう、芸術の残酷な法則は、人間が死ぬことであり、つまり、われわれ自身があらゆる苦しみを嘗めつくして死ぬことによって、忘却の草ではなく、永遠の生命をやどす草、豊穣な作品という草が生い茂ることにあり、その草のうえには何世代もの人びとがやって来て、その下に眠る人たちのことなど気にもかけず、陽気に『草上の昼食』を楽しむだろう、と」(吉川一義訳)

最後に「私」は、自分の過去を素材とした長い物語を書こうと決意する。読者は、そこまで読んできたこの小説こそがその物語である、と気づくことになる。

＊Marcel Proust(1871〜1922)。フランスの小説家
＊『プルースト全集1-10』井上究一郎訳、筑摩書房/『完訳版 失われた時を求めて』鈴木道彦訳、集英社文庫全13冊/『失われた時を求めて』吉川一義訳、岩波文庫全14冊

あとがき

なぜ古典を読むのか？　なぜ古典を読んだほうがよいのか？　どうして古典を読むべきなのか？

古典を読むのは、「物知り」になるためではない。新しいことを考えるためである。少なくとも私の場合、思考を通じて創造する上で、つまり新しいことを見出す上で、古典の読書が常に、決定的な意味をもってきた。難問にぶつかって、前に進めなくなったとき、お気に入りの古典を読み返すと打開策に思い至るのだ。

もっと重要なのは、次のような局面である。

日々、新たなこと、驚くようなことが起きる。生成ＡＩのような新テクノロジーが登場して、私たちの生活を大きく変えたり、見たこともないようなタイプの大統領がアメリカに現れ、世界の情勢に影響を与えたり……と。

社会学者として——というより現代を生きる一人の人間として、その新しい事態をできるだけ深いところから理解したいと思う。いったい何が起きているのか、私たちはどこに向かっているのかを知りたい。そんなとき、古典の読書経験が利いてくる。かつて読んで気になっていた箇所、おもしろいと感じたことが、天啓のように降りてきて、理解のための鍵を与えてくれるのだ。

ふしぎなことである。私は今、その古典の著者が見たことも聞いたこともなかったこと、想像すらもしていなかったことに直面しているのだ。にもかかわらず、それを理解するためのヒントは、古典の中にすでにある。

こうした経験は、私だけのものではない。若い頃から、ずいぶんたくさんの社会学や哲学等の論文・本を読んできた。すると、奇妙なことに気づかざるをえない。先人の研究に縛られずに自由に考える、などと主張しているものには、たいてい、凡庸でありきたりのことしか書かれていない。独創的で深い洞察は、著者が古典を忠実に読解し、継承しようという強い意欲をもっている書物の中にこそある。

たとえば、『負債論』『ブルシット・ジョブ』『万物の黎明』等の著者である人類学者デヴィッド・グレーバーのことも思うとよい。グレーバーの研究はいずれも実に斬新だが、あの独創性は、たとえばマルセル・モースやレヴィ＝ストロースを忠実に読もうというこだわりを彼がもっていなければ、絶対に出てこなかっただろう。

どうしてこういうことになるのだろうか。古典を読むということは、その著者の意識的・無意識的な思考を反復することである。逆説的なことではあるが、真に新しいものは、反復の中でこそ生まれるのだ（とこのように論ずるとき、私は、実は古典から、キェルケゴールからヒントを得ている）。

なぜだろうか。なぜ、新しいものは、一見、それの反対物である反復を通じて産出されるのか。おそらく、それは、人間の知性が本質的に集合的なものだ、という事実に関係している。人間は「ホモ・サピエンス（賢い人）」などと言われるが、個体として切り離してしまえば、その知性はたいしたことはない。どんなに優秀な人でも、一人で孤立していたとすれば、たいしたことは思いつかず、これといったことはできない。人間の知性は、集合的にのみ発揮されるのだ。

古典を読むこと、つまり先人の思考を反復することは、知性の歴史的な集合性に参加することを意味している。古典を読み、その著者の思考を反復することにおいてのみ、新しいことを発見できるのは、このためであろう。

＊

「まえがき」に書いたように、本書は、朝日新聞の「古典百名山」という企画の中で書いたものをもとにしている。２０１７年の2月だったと思うが、二十代のときからの永い友人で、朝日新聞の書評欄を担当していた依田彰さんから、この仕事の依頼を受けたとき、私は、内心、「ラッキー！」と思った。新刊書の書評ならば、どうしても新たに読まざるをえないが、古典の書評なら、あらためて読む必要はないからかんたんだと思ったのだ。が、実際にやってみると、楽な仕事ではなかった。ごく少ない字数で、しかも新聞の読者の誰にでもわかるように書くのは至難であった。古典は、そもそも、どれもすべて難解な書物である。だからといって、その古典の古典たる所以、古典のエッジの利いた部分を削った、「素人向けだからこのくらいでいいだろう」式の読者をバカにした紹介を書きたくはなかった。それでは、古典のおもしろさは伝わらない。

少ない字数の中で明晰性を保つこと。古典の中核にある思考の根源性《ラディカリティ》を十全に伝えること。これらを両立させることは、まことにたいへんな作業であった。本書に収録すべく加筆・修正するときには、字数の制限はいくぶんか緩和されたが、基本的な苦労は同じであった。これがどの程度成功したかの判断は、読者に委ねるほかないが、私としては最大限の努力をしたつもりである。

しかし、この苦しい執筆の作業、何度も書き直し、修正する作業は、非常に楽しくもあった。その意味では、本書の執筆、それに先立つ新聞連載の執筆は、やはりラッキーな仕事だった。「古典百名山」の企画を提案してくださった依田さんにはとても感謝している。若き日の依田さんからずっと見てきているので、依田さん自身が本を愛し、古典に精通していたからこそ思い至った企画だった、と私にはわかる。

依田さんが朝日新聞社を退職した後は、まず滝沢文那さんが、ついで吉川一樹さんが担当し、私の原稿を受け取ってくださった。お二人とも、第一線で現在の出来事や状況を追いかける記者であるが、同時に古典への造詣も深く、私にとっては非常に心地よい伴走者だった。滝沢さん、吉川さん、ありがとう。

本書の作成にあたって、私を助けてくださったのは、朝日新聞出版の編集者、中島美奈さんである。中島さんは、連載が続いているときから、「この連載が終わったら是非、一冊の本にいたしましょう」と提案してくださっていたのだが、私が、「古典は古くはなりませんから」などと言い訳をしつつ、加筆・修正の作業になかなかとりかからなかったため、中島さんをずいぶん待たせてしまった。本書では、重要な部分、注意すべき箇所は太字になっているが、その太字は、主に中島さんが指定したものである。本書が読みやすくなっているとすれば、それは中島さんのおかげである。中島さんにも、心よりのお礼を申し上げたい。

2025年1月13日

大澤真幸

本書は、朝日新聞読書面「大澤真幸が読む古典百名山」２０１７年4月16日〜２０２２年3月19日（全50回）に加筆・修正したものです。訳書は、文庫があるものについては原則、文庫版を掲載しました。

大澤真幸　おおさわ・まさち

1958年長野県生まれ。社会学者。東京大学大学院社会学研究科博士課程修了。社会学博士。千葉大学文学部助教授、京都大学大学院人間・環境学研究科教授を歴任。2007年『ナショナリズムの由来』で毎日出版文化賞、2015年『自由という牢獄』で河合隼雄学芸賞を受賞。近著に「〈世界史〉の哲学」シリーズ、『資本主義の〈その先〉へ』『新世紀のコミュニズムへ』『我々の死者と未来の他者』『私の先生』『この世界の問い方』など。

朝日新書
990

逆説《ぎゃくせつ》の古典《こてん》

着想を転換する思想哲学50選

2025年2月28日第1刷発行

著　者　大澤真幸

発行者　宇都宮健太朗
カバーデザイン　アンスガー・フォルマー　田嶋佳子
印刷所　TOPPANクロレ株式会社
発行所　朝日新聞出版
〒104-8011　東京都中央区築地5-3-2
電話　03-5541-8832（編集）
　　　03-5540-7793（販売）

Published in Japan by Asahi Shimbun Publications Inc.
ISBN 978-4-02-295301-8
定価はカバーに表示してあります。

落丁・乱丁の場合は弊社業務部(電話03-5540-7800)へご連絡ください。
送料弊社負担にてお取り替えいたします。

底が抜けた国
自浄能力を失った日本は再生できるのか？

山崎雅弘

専守防衛を放棄して戦争を引き寄せる政府、悪人が処罰されない社会、「番人」の仕事をやめたメディア、不条理に従い続ける国民。自浄能力が働いていない「底が抜けた」現代日本社会の病理を、各種の事実やデータを駆使して徹底的に検証！

蔦屋重三郎と吉原
蔦重と不屈の男たち、そして吉原遊廓の真実

河合 敦

蔦重は吉原を基点に、黄表紙や人情本、浮世絵など次々と大ヒットを生み出した。いっぽう幕府による弾圧にもめげず、歌麿や写楽に大首絵を描かせたり、政治風刺の黄表紙を出版するなど、反骨精神あふれる蔦重の生涯を天才絵師・戯作者たちと共に描く。

脳を活かす英会話
スタンフォード博士が教える超速英語学習法

星 友啓

世界の英語の99・9%はナマッている。だからこそ脳の欲求の赴くままに自分なりの英語で世界と遊べ！ 脳科学や心理学、AI時代のアイテムを駆使して、コスパ良く楽しくネイティブと話せる術をスタンフォード・オンラインハイスクール校長が伝授。

子どもをうまく愛せない親たち
発達障害のある親の子育て支援の現場から

橋本和明

「子どもには愛情を」。児童相談所の一言が、なぜ虐待を加速させたのか？ 発達障害のある親は育児で大変な苦労をすることがある。虐待やネグレクトが起きてしまう実態と対策を、豊富な実例とともに紹介。子育ては愛情ではなく技術である。

ほったらかし快老術
90歳現役医師が実践する

折茂 肇

元東大教授の90歳現役医師が自身の経験を交えながら、快い老い方を紹介する一冊。たいていのことはほったらかしでよく、大切なのは生きがいと骨。落ち目同士で群れない、手抜きしないでオシャレをする…など10の健康の秘訣を掲載。

数字じゃ、野球はわからない

工藤公康

昭和から令和、野球はどこまで進化したのか？「優勝請負人」工藤公康が、データと最新理論にとらわれた野球界を総点検！さらに自身の経験をもとに、いつまでも色あせない〝野球の魅力〟も紹介。新参からマニアまで、ファン必読の野球観戦バイブル。

老化負債
臓器の寿命はこうして決まる

伊藤 裕

生きていれば日々損傷されるDNA。加齢に伴い修復能力が落ちると、損傷は蓄積していく。これが老化だ。ただ、この「負債」は「返済」できる！心身の老化のメカニズムから気付き方、自分でできる画期的な「若返り」法までを徹底解説する。

節約を楽しむ
あえて今、現金主義の理由

林 望

キャッシュレスなんて、まっぴらだ！お金のあれこれを人任せにしない。自分の頭でしっかり考えたい。だから、ベストセラー『節約の王道』著者は、あえて今、現金主義を貫く。キャッシュレス生活・ポイ活の怖さを指摘し、安全確実な「令和の節約術」を公開！

なぜ今、労働組合なのか
働く場所を整えるために必要なこと

藤崎麻里

2024年春闘の賃上げ率は5％台で33年ぶりの高水準となったが、広がる格差、実質賃金に追いつかない賃上げなど課題は山積。若い世代や非正規雇用など労働組合とつながらない人も多い。一方、欧米では労組回帰の動きもある。労組に今、何ができるのか。

遊行期《ゆぎょうき》
オレたちはどうボケるか

五木寛之

加齢と折り合いをつけてどう生きるか。92歳の作家が、人生を四つに分けるインドの最後の住期「遊行期」という平穏な時に身をおいて考える。「老い」や「ボケ」を受け入れながら、人生100年を生き切るための明るい「修養」、そして執筆活動の根源を明かす。